描绘鉴真东渡的东征传

岩波日本史

第二卷

飞鸟·奈良时代

[日]吉田孝 著

刘德润 译

新星出版社 NEW STAR PRESS

目录

序　言 1

第一章　东亚世界与推古朝的改革 9
　　1. 推古女帝登台 11
　　2. 东亚形势与遣隋使 18
　　3. 与佛教相遇 29

第二章　大化改新与白村江之败战 39
　　1. 激荡的东亚与留学生归国 41
　　2. 大化改新的开始 45
　　3. 国家制度与习俗的改革 51
　　4. 白村江之败战与亡国危机 58

第三章　壬申之乱与律令制国家的成立 69
　　1. 六七二（壬申）年的大乱 71
　　2. 天武·持统朝：成为东海小帝国 78
　　3. 律令制国家的建立 90

第四章　奈良之都与大佛开光 103
　　1. 新的宫殿都城与空间 105
　　2. 圣武天皇与光明皇后 114
　　3. 大佛开光 123

第五章　天平人的百态人生 137
　　1.《贫穷问答歌》的世界 139
　　2. 长屋王及其家族 149
　　3. 鉴真身边之人 158

第六章　王权正统性已经动摇 167
　　1. 藤原仲麻吕的儒家政治 169
　　2. 称德女帝与道镜 178
　　3. 新王统的建立 186

结　　语 193

参考文献 204

年　　表 207

序 言

序言

日本历史的青春时代　生活在日本列岛上的人们,一面摄取大陆文化,一面思考着如何才能将"日本"建成一个独立国家,构建起自己的独特文化。这就是本卷的主题。本卷讲述的是从推古天皇即位的五九三年起,到桓武天皇迁都平安京的七九四年为止,大约两百年的历史。

这两百年是激荡不已的时代。在东亚,经过一段漫长岁月,中国又出现了一个大帝国隋。隋朝攻打位于东北方向的高句丽,并以这次战争的失败为转折,在很短的几年之后就灭亡了。唐灭掉隋,建立起一个大帝国,并与新罗结盟,灭掉了百济与高句丽。百济与高句丽,曾将包括佛教在内的各种大陆文化传到倭国,并与之建立起一种亲密关系。倭国为了救援百济而派军,但遭到唐朝水军毁灭性的打击而战败。"百济与高句丽亡国之后,也许下一个就轮到我们自己了",在这种危机意识中,如何才能生存下去?日本在集中权力,加强军力的努力中,以体系完整的"律令"法典为骨架,建成了中央集权制的律令制国家。那么,在具体实施变革的过程中,日本发生过怎样的历史事件呢?

飞鸟·奈良时代，天皇制尚未稳固。朝廷仅仅依靠"天神之子孙"这样的神话来支撑天皇的权威，陷入困境。从大陆传来的佛教、儒教、（广义的）道教等各种各样的思想混杂在一起，流入日本。这时还出现了以佛教为依靠，企图谋取皇位的僧人（道镜）。究竟应该用什么样的思想来建构天皇的权威？

这个时代，东亚女皇与女王的活跃十分引人注目。在中国，出现了华夏历史上唯一的女皇武则天独统江山的局面，在朝鲜半岛的新罗也有善德女王、真德女王即位。而在日本，则相继出现了六位女皇：推古、皇极（齐明）、持统、元明、元正、孝谦（称德）——齐明、称德女皇曾两度即位，重祚登基。本卷所讲述的这二百年历史之中的九十五年间，都是由女性天皇君临天下的，大约占了一半。为何会涌现出如此众多的女皇？

飞鸟·奈良时代，日本列岛上首次出现了京城（城市），经过严谨规划的条坊（道路）划分成若干区域。还建成了连接京城与地方的道路和通信系统。律令制国家的统治，首先从列岛的中心部分开始，到了奈良时代末期，朝廷终于将东北地方的中部，以及南部的九州也纳入了统治范围。在奈良朝的周边，有后来被称为阿伊努人和琉球人的群体，他们都过着自己独特的生活。

序言

从语音来说,这个时代除了アイウエオ五个元音之外,还出现了介于イ和ウ、ア和エ、ウ和オ之间的元音(中舌元音),共八个元音,这与平安时代之后的语音大不相同。从文字来说,当时尚未发明假名文字(平假名与片假名),只使用汉字,煞费苦心地用它们来记录日语。

近代之前(明治维新以前),日本的国家与社会结构、文化的基本框架,都是在平安时代达到成熟的,但这些雏形早在奈良时代就已经开始出现。这是一个混沌未开却异常活跃、朝气蓬勃的时代。

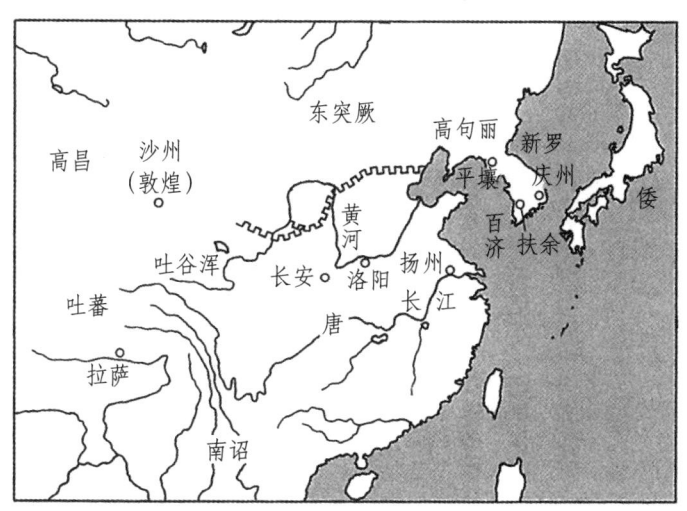

七世纪前后的东亚

成为东海小帝国之路　这个时期的东亚，中国皇帝将周边诸国的首领"册封"为"王"，这种外交关系就是基本的国际秩序。所谓"册封"，是根据"册书"这种文书规定的"封邦建国"（将其首领任命为"王"等）。朝鲜三国的首领也都分别被中国皇帝册封为"高句丽王""百济王""新罗王"。

倭国的首领也是如此。三世纪邪马台国的女王卑弥呼，以及五世纪的倭国五王，也都由中国皇帝册封为倭王（请参阅第一卷）。但是，在这个时代，如果只是向中国朝贡，但拒绝接受册封，也会得到中国的默许。中国为何会默许这种情况出现呢？历史学家普遍认为，其原因与两个历史背景息息相关：一是当时东亚复杂的外交关系；二是地理环境，倭国是与中国隔海相望的岛国，中国鞭长莫及。倭国不接受中国的册封，迈上一条与周边邻国不同的道路，成为独立于中国之外的东海之上的小帝国。这一点对此后日本历史的走向产生了极大的影响。那么，日本是如何走上这条历史道路的呢？让我们一直追溯到推古天皇即位的时间点，去沿途搜寻这条道路的轨迹吧。

另外还需说明一点，据学者们推测，倭国从七世纪后半叶开始，使用"日本"作为王朝的名称；从七世纪初开始，

"大王"则开始使用"天皇"的称号。关于这个问题,笔者会在本书的正文中逐步考察一番。

第一章　东亚世界与推古朝的改革

法隆寺玉虫佛像橱柜，其右侧可见《舍身饲虎图》。摄影：辻本米三郎

第一章　东亚世界与推古朝的改革

1. 推古女帝登台

天皇被暗杀　　五九二年十二月十二日（崇峻天皇五年十一月三日），崇峻大王（天皇）在皇宫中被暗杀。大臣苏我马子谎称要举行从东国征调贡品的仪式，让自己手下的外来移民，豪族东汉驹① 利用这个机会杀掉了天皇。苏我马子深信天皇正在想方设法除掉自己，于是便先下手为强。

在发生了暗杀天皇这样的大事件之后，要决定由谁来担任下一任天皇绝非易事。按照当时惯例，一旦天皇驾崩，朝中群臣便要协商，从天皇家族当中选出一位，共同拥立他成为下一代天皇。可是，这一次是朝中拥有最大权力的大臣杀掉了天皇。

---
①东汉氏是古代五世纪时渡海而来的外来移民，他们是来自朝鲜的汉人后裔，主要居住于大和地方。到了七世纪，东汉一族执掌朝中军政大权。东汉驹，东汉是氏族名，驹为其名。生卒年不详。东汉驹杀死天皇后，还霸占了天皇嫔妃，即苏我马子之女河上娘，后来他也被杀掉。本书页下注均为译者注。

虽说要由群臣共同拥立下一代天皇，但谁也不能无视身为大臣的苏我马子的意向。虽然其中的详细经过已不得而知，结局却是大家放弃了拥立一位男性来当天皇的主张，而是选定了早就亡故的敏达天皇的皇后，与苏我氏有着很深血缘关系的额田部皇女。于是，日本历史上从无先例的，一位女性登上了皇位。她就是推古天皇。

推古女帝即位　　推古天皇为钦明天皇之女，其母为苏我稻目（苏我马子的父亲）之女（参看《皇室与苏我氏关系图》）。推古天皇之所以能够登基，不用说是因为她具有天皇家的血统，也就是说，要当天皇，须以身为皇族成员为前提。为何众臣会把所有的男性皇族成员排除在外，而选择了一位女性呢？对于这个问题，在本系列丛书的第一卷《日本社会的诞生》中已经进行过说明。许多读者会联想起邪马台国的女王卑弥呼吧。

其国本亦以男子为王，住七八十年，倭国乱，相攻伐历年，乃共立一女子为王。名曰卑弥呼。[1]

---

[1]《三国志·魏书》卷三十《倭人传》，中华书局1964年版，第856页。

这就是有名的《魏书·倭人传》中的一节。相传，后来卑弥呼去世，一位男性被拥立为王，全国不服，战乱不断，因此又改立卑弥呼一族中一个叫壹与（也叫台与）的女性为王。

拿推古女帝的情况来说，在天皇被暗杀的大动荡之中，大家是为了收拾残局而特意立一位皇族女性为天皇吗？是否只要符合皇族女性的身份，任何一位女性都可以呢？事实并非如此。皇位非推古莫属，她身为先前驾崩的敏达天皇的皇后，才是最主要的决定因素。在这一点上，她与独身的卑弥呼不同。

这个时代的王权，并非只属于大王（天皇）一人，而是身处正宫地位的"大后"（皇后），以及"大兄"（皇长子），以大王为中心共同享有。而且，能够登上皇后之位的人，一般而言都是皇族。推古是钦明天皇之皇女，敏达天皇之皇后，敏达天皇驾崩后，她依然拥有巨大的权力。

由先帝之皇后即位，的确尚无先例。但有天皇驾崩后，由于继位人尚年幼，人们便希望由先帝之皇后即位的先例，如安闲天皇的春日山田皇后。虽然那一次的希望未能成为现实，但由先帝之遗孀即位，并非那么不自然。

推古成功即位，还有一个条件不可忽视。那就是在掌握推古朝廷实权之人当中，还有一位苏我马子的姐妹之女，即苏我马子的外甥女的存在。

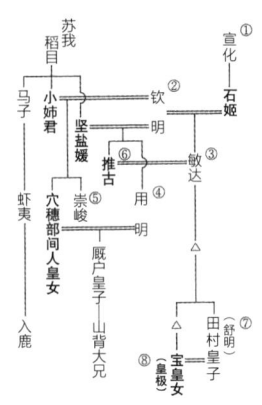

皇室与苏我氏关系图，序号为即位顺序，黑体字为女性

即位后的推古天皇立厩户皇子（圣德太子）为皇太子，将政权托付与他。厩户皇子是推古天皇之兄用明天皇的皇子，理所当然不会被排斥于权力之外。皇子对政治的运转举足轻重，这在日本史上是有先例的。于是，推古女帝的身边，就有了厩户皇子和大臣苏我马子，朝中出现了由他们二人共同执政的局面。

皇室的近亲通婚

在此，将话题稍稍转向正题之外，我们来回顾一下古代人的婚姻大事。看上面的这幅《皇室与苏我氏关系图》，一定会有读者觉得不可思议。前面已经说过，推古女皇是敏达天皇之皇后，但敏达也好，推古也好，他们都是钦明天皇的子女，因此，他们的这场婚姻，就是兄妹通婚。这样的近亲通婚为何能够实现呢？

其实，如图所示，他们的父亲（钦明天皇）虽然是同一个人，但母亲却不同,敏达天皇的母亲叫石姬,而推古天皇的母亲则是坚盐媛。也就是说,敏达天皇与推古天皇是同父异母的兄妹。同父异母兄妹通婚在古代日本屡见不鲜,但同父同母的兄妹或姐弟通婚却被严格禁止,因为这冒犯了近亲相奸的禁忌。至今还有同父同母的皇子与皇女相爱,遭到严厉弹劾,最后只好选择一死了之的悲惨故事流传。

那么,为何会允许同父异母的兄弟姐妹通婚呢?这是因为,古代的皇族与豪族都拥有众多的妻子,每位母亲都与自己的孩子们住在一起,异母的兄弟姐妹不可能同住一室。研究报告表明,在同一种群的黑猩猩之间,雄性与雌性虽然在日常生活中共同行动,但他们之间却很少发生性行为。我们人类也是这样。也许在一起成长的经历,便是避免发生性关系的感情基础吧。

然而,虽说异母兄弟姐妹人数众多,但这样的情况只多见于皇族与豪族之中。这种现象是飞鸟·奈良时代皇族的显著特色。天皇家族在近亲之间反复联姻,由此形成了与其他豪族在血缘上相互隔绝的集团,从而确立了自己超越豪族阶层的地位。这就是这个时代天皇制的特色。皇室家族之间的近亲结婚,这种现象在古代埃及等国家也能看到。

我们回头再看一下前面那幅人物关系图。推古天皇之母坚盐媛，还有这位母亲的妹妹小姊君，两人都嫁给了钦明天皇。姐妹共侍一夫的姊妹型一夫多妻制，在古代皇族中比比皆是。后来，中大兄皇子（天智天皇）的女儿"大田皇女"，和"鸬野赞良皇女"（持统天皇）姐妹，都和大海人皇子（天武天皇）成了婚，而且都生了皇子。这个例子在日本史上十分有名。①

姊妹型一夫多妻制在神话中也屡见不鲜。从高天原（天国）降临到九州宫崎县日向高千穗峰的神灵，天孙琼琼杵尊不久便长大成人，在海岸上邂逅了美丽的少女木花之开耶姬（意为像樱花盛开一样美丽的姑娘），琼琼杵尊一见倾心，便到她父亲山神那里去求婚，山神要将姐姐石长姬（意为和岩石一样坚固长寿的姑娘）和妹妹木花之开耶姬一起嫁给他。但琼琼杵尊只留下了美貌的妹妹，却将丑陋的姐姐石长姬退了回去。这位父亲勃然大怒，诅咒道："吾将自己的两个女儿嫁给你，是为了祈祷天神之子要像岩石一样坚固长寿，像樱花怒放一样繁荣昌盛，你却将姐姐退了回来。那你这位天神之子的寿命只能像樱花那样短暂啊。"这个神话说明了天皇之

---

①大田皇女和鸬野赞良皇女都是天武天皇的皇后。大田皇女早逝，天武死后，鸬野赞良皇后杀掉了姐姐的儿子大津皇子，目的是想让自己的儿子草壁皇子登基。然草壁皇子夭折，鸬野赞良皇后称帝，即持统天皇。

死的起源，也就是说，作为永恒的天神之子的子孙天皇们为何会死去，也反映了姐妹二人可以共侍一夫的古代习俗。

以上故事讲得远了一些，现在就将话题转回推古天皇即位的时点，我们先来关注一下当时的东亚形势。

2. 东亚形势与遣隋使

东亚的形势　　在朝鲜半岛，高句丽、百济、新罗三国的实力增强，到了六世纪末，国力大增的新罗与倭国开始紧张对峙。

五八九年，北方的隋灭掉了南方的陈，由此，时隔几百年又出现了一个大帝国。隋帝国的出现，对于接壤的高句丽来说是一个严重威胁，这种紧张关系还波及到了百济、新罗以及倭国。

到五世纪的倭国五王[①]为止，倭国朝廷一直不接受中国王朝的册封，直到六〇〇年才向中国派遣使节，中间空白了一百多年。试想，其中的原因是什么呢？

六〇〇年，倭国派出大规模军队与新罗作战。遣隋使的

---

①倭国五王，中国史书上提到过的五位倭国之王："赞王""珍王""济王""兴王""武王"。

派遣大约与这场战争有关。六年前,新罗接受隋朝的册封,被任命的新罗王在形式上成了隋朝的臣下。因此,攻打新罗,就是与隋朝为敌。倭国为了将与新罗的对立关系转化为对自己有利的局面,才向隋朝派遣了使节。

最早的遣隋使 《隋书·倭国传》记载:"开皇二十年,倭王姓阿每,字多利思比孤,号阿辈鸡弥,遣使诣阙。"[①]

"开皇二十年"即六〇〇年,"阿每,字多利思比孤",即"アメタラシヒコ",意为"天之满足高贵之男子"。看来,当时中国称呼倭国大王(天皇),是将其"姓"与"字"(名字)分开。这时的倭王就是推古女皇。这里使节所回答的"名"不是自己的真实姓名,"字"也不是自己的名字,而是暗示着天皇的"通称"。

当使者被问到自己国家的风俗时,他做了如下回答:

倭王以天为兄,以日为弟,天未明时出听政,跏趺坐,

[①]《隋书》卷八十一,《列传第四十六·东夷·倭国》,中华书局 1982 年版,第 1826 页。

日出便停理务,云委我弟。①

听到这样的回答,隋朝高祖曰:"'此太无义理。'于是训令改之。"(于是命令道:"好生教育,令其改之。")这是对待野蛮人的态度。

倭国使者心中何等耻辱。在隋朝气势恢弘的都城中目睹了另一个世界的高度文明,倭国使者受到的异文化的冲击,其程度之强烈,绝非今天的我们能够想象出来的。

但是,在《日本书纪》中,有关六〇〇年遣隋使的事迹却没有留下任何记载。《日本书纪》里七年之后的六〇七年(推古十五年)七月的条目中,才开始记录与隋朝交往之事。这证明《日本书纪》的编者看到过《隋书》。为什么《日本书纪》丝毫未将六〇〇年遣隋使之事迹记录下来呢?我们不得而知。是因为受到屈辱,毫无成果,便无心记录了吗?

关于六〇〇年遣隋使是何时回到日本的也没有明确记载。包括厩户皇子(圣德太子)、苏我马子等朝中大员们,一定是目不转睛地听取了遣隋使的汇报吧!遣隋使和朝堂要员们所受到的精神冲击,后来成了倭国国家制度改革的出发点。

---

① 《隋书》卷八十一,《列传第四十六·东夷·倭国》,中华书局 1982 年版,第 1826 页。

第一章 东亚世界与推古朝的改革

冠位十二阶的制定

六〇〇年的遣隋使，身着何样服装，如今我们已经不清楚。此前数十年，中国出现了一幅绘有来自中国周边各国朝贡使者姿态的《职贡图》（现保存有临摹图）。百济的使者，被冠、履靴、服装华丽，与之相对的倭国使者，却头缠钵卷、裸足，给人一种野蛮的印象。其实，在绘制这幅画时，倭国朝廷还不曾正式向中国派出过使者，大概这是单凭想象画出来的吧。这个有趣的史料显示出当时的中国是如何看待倭国的。六〇〇年的遣隋使，服装也许会比这幅画上更为整洁吧，不过使者的头上未戴有明确表示他在朝廷所处地位的冠，这一点大概是事实，因为当时的倭国还没有制定冠位制度。

在任何时代的外交活动中，使节在本国地位的高低，都具有重大意义。如果派遣在本国就有着崇高地位之人担任使节，就是向对方国家表示尊重，与此相反，使节的地位越低，就越是表达出对对方国家的轻蔑。

当时的倭国已经有了姓氏制度。所谓姓氏制度，来源于"氏"的起源（追溯祖先来自不同血统的区别），以及祖先在朝中担当的职务，而与本人在朝中的地位高下没有直接关系。比方说，以天皇为祖先而传承下来的"臣"姓氏中的"氏"，未必就比以众神为祖先而传承下来的"连"姓氏中的"氏"

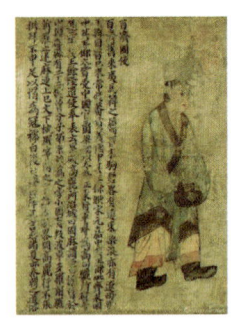 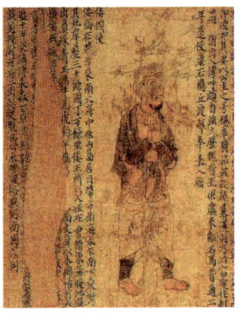

《职贡图》描绘的百济使者与倭国使者

更加高贵。①

遣隋使回国后不久的六〇三年（推古十一年），日本制定了《冠位十二阶》。这种制度的第一步是由原来"氏"的代表者分别代表自己的"氏"族参与朝政，而改变为将冠位授予"氏"中特定的个人，将其作为官吏而录用。然后再根据其功劳获得升迁。

与此同时，日本的外交使节开始头戴相应的冠，明确表示他在本国朝廷中的地位（序列）。事实上，《冠位十二阶》

---

①大化改新后的684年，天武天皇制定了"八色之姓"（也叫"八姓"）："真人""朝臣""宿祢""忌寸""道师""臣""连""稻置"。其顺序表明了各氏祖先与皇室的亲疏关系。

的实行是从四年后的六〇七年（推古十五年）出发的遣隋使小野妹子开始的。他被授予"大礼"之冠前往隋朝。"大礼"是冠位十二阶中的第五位。

小垦田宫与宪法十七条

六〇三年（推古十一年），制定《冠位十二阶》两个月之前，推古天皇移驾新落成的小垦田宫，当年的十二月便制定了《冠位十二阶》。

到了第二年的六〇四年（推古十二年），在小垦田宫举行了元日的朝贺仪式，首次将新的冠位授予群臣。冠位不同，其色彩和金银打造的装饰之花也各不相同，放眼一看，冠位一目了然。

推古天皇落座于小垦田宫正殿的御座之上，被授予冠位的群臣整齐地排列于女帝面前。好一个色

小野妹子。哥川广贞绘。现藏于早稻田大学演剧博物馆

彩绚丽的世界。

《日本书纪》记载：同年四月，圣德太子（厩户皇子）"亲肇作宪法十七条"。"以和为贵"为第一条，"笃敬三宝（佛、法、僧）"为第二条，"承诏必谨"为第三条，明确了"君""臣""民"的上下秩序，构建起了新的国家制度的基础。从宪法十七条的内容来看，其并非从神话，而是从来自大陆的政治思想和宗教中追溯大王（天皇）权威的根源，其中包括佛、儒家与法家。也许这与六〇〇年的遣隋使事件中，隋帝曾对日本遣隋使的说明下达过"此太无义理"的上谕有关。

另外，关于这部宪法，后世有一种说法，认为其很有可能经过了修正与增补。但是如第十三条"诸任官者，同知职掌"一样，这部宪法还包含了极其具体的命令，实施《冠位十二阶》，开创新的官僚制度等，都包含着符合这个时代潮流的内容。

日出处之天子　　六〇〇年的遣隋使似乎没有携带"国书"（正式的外交文书），而六〇七年（推古十五年），头戴新冠的小野妹子作为遣隋使出发时，是带有"国书"的。《隋书》有这样的记载：

> 其国书曰"日出处天子致书日没处天子无恙"云云。帝览之不悦,谓鸿胪卿曰:"蛮夷书有无礼者,勿复以闻。"①

隋炀帝对这份"国书"之所以十分气愤,肯定是因为遥远东海小国的倭国之王,竟敢与自己一样,自称"天子"。

在中国,自古以来就对叫作"天"(天帝)的宇宙最高之神十分虔诚,受"天"之"命"者,便可作为"天子"统治天下的政治思想,发挥着重要的作用。如果天子违背天意,倒行逆施,天就会向另外的人降下"天命",从而诞生出一位新的"天子",这就是"革命"(天命革新)。当然,在现实生活中,用武力灭掉前朝天子者,就是接受了"天命"之人。"天命革新"的思想,对于抑制统治阶级的恣意妄为发挥了巨大作用。

天命思想就这样成为中国政治思想的核心。"天子",当然必须是天下唯一之人。虽然事实上,在政权分裂的情况下,存在过多位"天子"分立并存的现象,但作为公认的原则,天下只有一位天子。隋炀帝的愤怒,就是基于这种中国传统

---

① 《隋书》卷八十一,《列传第四十六·东夷·倭国》,中华书局1982年版,第1827页。

的政治思想的背景。

隋炀帝虽然勃然大怒，但第二年的六〇八年，小野妹子归国时，隋炀帝还是派遣了外交官裴世清出使倭国，大概是想背着朝鲜半岛诸国对倭国的情况作一番调查。为了护送归国的裴世清，小野妹子再次出使隋朝时，还带去了八名留学生与留学僧渡海赴隋。其中就有高向玄理、僧旻、南渊请安等人。他们经过长期的留学之后回到日本，在国家制度改革中大显身手。这些情况将在下一章中进行说明。

东方之天皇与西方之皇帝

那封惹得隋炀帝大怒的"国书"，在《日本书纪》中没有留下任何痕迹。但小野妹子第二次被派遣出使隋朝时递交的"国书"在《日本书纪》中却有明确记载。

东方之天皇，敬白西方之皇帝。

这封"国书"是如此开头的，但是否保留着小野妹子递交的那封"国书"的原样，我们并不清楚。编撰《日本书纪》时对原始史料的语句进行变动的例子不胜枚举。例如，会将"倭国"改为"日本"。因此，"东方之天皇"这一称呼很可能是经过改动的。

但"日出处"就是"东方"之意,因天皇曾自称"日出处天子"惹恼隋炀帝,故而避开"天子""皇帝"的字眼,采用中国古籍中出现过的"天皇"一词的可能性很大。当时隋朝做出什么样的反应,我们已经无从知晓。《隋书》中,不曾记录小野妹子的第二次使隋,也不曾记录他担任护送裴世清归国的使节、向隋朝进献贡品一事。如果将"东方之天皇"写入原来的"国书"中,很可能这封"国书"不会被受理吧,又或者小野妹子并未向隋朝递交这封"国书"。另外,关于"天皇"这一称呼,究竟始于何时,日本学术界分歧很大。笔者推测,在推古朝与隋朝的外交中,使用的并非是"天子""皇帝"这样的称呼,而是选择了含义相近的词汇。

对于隋朝而言,只能称倭国的首领为"倭王"。"王",是中国皇帝册封臣下时授予的爵位(身份的称号有王、公、侯、伯、子、男)中的一种。早在五世纪时,倭国五王请求中国皇帝册封自己为"倭王",承担拓展天下疆土的任务。与此相对的是,推古朝的倭国大王虽然向隋朝进献了贡品,却始终不愿接受册封,拒绝正式成为隋帝的臣下。

为何隋朝会容忍倭国不接受册封的事实呢?因为此时的隋朝正处于与高句丽的战争状态,对敌国高句丽背后的倭国十分重视。与敌国背后的势力联手,从而牵制敌国,这是国际政治中的惯用伎俩。

小野妹子归国十年后的六一八年,以远征高句丽的失败为转折,隋朝灭亡。

3. 与佛教相遇

佛教传入日本 自古以来，就有不少人从朝鲜半岛渡海来到日本列岛，在这些外来移民中间，首先开始流行对佛像的顶礼膜拜。后来，到了六世纪上半叶，百济王向倭国的钦明天皇（推古女帝之父）赠送佛像与佛教经典，以此为开端，佛教传入倭国。在朝廷豪族中，与渡海而来的移民关系密切的苏我氏首先接受了佛教，朝廷中围绕着是否应该接受佛教还展开了一场激烈的争论。那么，我们先来回顾一下，当时的倭国人都有着什么样的信仰。

人们敬畏自然之众神，用祭祀的方法来消除污秽与灾害，祈祷富足生活。大自然中的众神，是一种最为神秘而恐怖的存在。人们看不见众神的身影，这些肉眼看不见的神灵依附于山川、瀑布、泉水、高大的树木、铜镜、玉器、刀剑等之上，它们被作为神体而受到祭祀。祭祀神灵，要在清净的场所，深夜里人们献上酒食迎接神灵降临。不同的小国和氏族，所祭祀的神灵与祭祀的方法都不尽相同。

佛教给生活在这种敬畏众神信仰之中的日本人，带来了金光灿灿的佛像（小金铜佛）和阐述全新教诲的佛典。

朝廷的皇族与苏我氏等豪族，开始积极地接受佛教。当时，不同的小国和氏族信仰着不同的神灵。佛教作为一种超越民族与国家框架而广为流传的世界性宗教，被大和朝廷接受，从而让自己获得了超越各地许多小国的权威。在朝鲜半岛诸国，佛教也是与王权相结合而发展起来的。

飞鸟寺与斑鸠寺的营建

推古女帝身边，苏我马子与厩户皇子一起制定了《冠位十二阶》，推进国家制度改革，他还与渡海而来的外来移民一道积极地接受了佛教。

在推古女帝之前，崇峻天皇即位后的第二年，即五八八年，百济王向日本朝廷赠送了佛舍利（释迦牟尼遗骨火化后留下的宝石状结晶），以及僧侣、寺院建筑工匠、炉盘博士（铸造技师）、瓦博士（制瓦技师）、画工等营造寺院所必需的技术人才。也是在这一年，苏我马子派遣五位尼僧前往百济留学，还在飞鸟本地正式开始了寺院的建造。这就是最早的寺院飞鸟寺（法兴寺）。

推古女帝登基后的第二年，立起了飞鸟寺金堂①的中心大柱，并将佛舍利安放于础石之中。到了五九六年（推古四年），围绕着佛塔建起了三座金堂。一座富丽堂皇的伽蓝终于完工。

与苏我马子一起推进国家制度改革的厩户皇子，在飞鸟地方拥有一座宫殿（上宫），又在斑鸠建造了另一座宫殿。位于大和盆地西部一角的斑鸠，正好处在连接飞鸟与难波港（即今天的大阪港，当年曾是面对中国大陆的窗口）的大和川的中间位置，是水上交通的要冲。然后又在斑鸠宫附近建起了斑鸠寺。这就是后来的法隆寺的源头。六七〇年斑鸠寺毁于一场大火，后来，人们在其遗址上重建了法隆寺并一直保存至今。

在建造飞鸟寺与斑鸠寺的同时，包括小垦田宫在内，朝廷的宫殿通常是用茅草葺顶或木板盖顶的，在这些建筑当中，一座青瓦葺顶的大寺院的出现就显得格外夺目。为了支撑青瓦的重量，下面要有粗大的木柱，还要有巨大的础石，从未见过的巨大金堂、讲经堂，还有高耸入云的佛塔，呈现出朱红、碧绿、金黄等耀眼的色彩。这座横空出世的寺院与之前的倭

---

①金堂，供奉本尊的佛堂，为寺院中心建筑，因殿堂内涂成金色而得名。在中国的寺院中称为"正殿"或"大雄宝殿"。

国建筑完全不同，它宏大、华丽，令人叹为观止。

金堂之中供奉着金光灿灿的佛像。这些佛像目光慈爱而神秘，与那些依凭山岳、古树的自然之神完全不同，是一种崭新的神佛。举行仪式时，身披法衣的僧侣们在佛像面前列坐成排，诵读佛经，人们用来自异国的乐曲演奏音乐，献上赞美神佛的歌舞。这一切都是人们不曾经历过的场面，是一个崭新的世界。

厩户皇子与佛教

厩户皇子的父亲是用明天皇，母亲是穴穗部间人皇女，他们的母亲分别是苏我稻目的女儿坚盐媛与小姊君，双方都继承了苏我氏的血统（请参看第 14 页人物关系图）。厩户皇子能够与苏我马子一同执掌政治大权，与他的身世背景是分不开的。厩户皇子的佛教信仰，在很大程度上也与苏我马子密不可分。

"厩户"一词的来源虽然已经不可考（或许是地名），但有传说当天其母正在宫中巡视诸司官衙，正好到了马官的厩户时，皇子出生。这很可能是从"厩户皇子"这一名称编造出来的，想必有不少读者会联想到基督诞生的故事吧。

厩户皇子还有一个名字叫"丰聪耳"，按照字面解释，是"丰厚而聪慧的耳朵"之意，据此又编造出了他能同时听取十个人的汇报，而不会将内容相互混淆的传说。另外，厩户皇子还有一个用他居住的宫殿之名起下的名字，"上宫太子"。其中最有名的还是"圣德太子"这一称呼。

"圣德太子"的称谓是从何时开始使用的尚无定论。事实上，《日本书纪》的"系谱纪事"和"分注"①中，这个称谓只使用过两次。

后来，圣德太子被尊为日本佛教兴隆的元祖，衍生出了许许多多的传说。的确，厩户皇子在青年时代曾向高句丽僧人惠慈学习佛典，向博士觉哿学习儒学。在飞鸟时代的豪族当中，圣德太子的文化教养很可能是出类拔萃的。但是，想具体描绘出一个真实的圣德太子的形象，却依然十分困难。

不过，我们毕竟是以一种现代人的眼光来看古代的。从史籍中"厩户皇子讲《胜鬘经》与《法华经》"的记载，我们很容易理解皇子一定是用自己独创的方法来讲经的。当时的中国就十分盛行在朝堂上讲经，甚至还有皇帝亲自讲经的例子。厩户皇子讲经，也是应推古女帝的邀请而开始的，在皇子周围有许多渡海而来的杰出僧侣，因此，很可能皇子是根据这些僧侣的讲解与研究成果来讲经的。在古代的佛教传

---

①日文中的"分注"一词，即"分成两行小字的注释"之意。汉语文章中，用比正文更小的字体进行注释。

播中也常有将从先师那里学来的真理再传授给别人的情况。

可以说，厩户皇子在佛教兴隆过程中发挥的作用不能低估。在中国与朝鲜等国，佛教的兴隆与王权密切相关。人们普遍认为，在倭国也是如此，代表着王权的厩户皇子发挥的作用十分巨大。这里，我们并不是说厩户皇子个人如何优秀，而是要拓宽视野，去追溯飞鸟时代人们如何接受佛教，以及佛教是如何改变了日本列岛上人们的思维方式、对外界的感受方式等问题。

佛教带来了什么？

法隆寺的玉虫佛像橱柜是供奉佛像的小宫殿，下面用须弥座与柜腿支撑，宫殿与须弥座的四面都有佛教绘画。据推测，当时的僧侣会对聚集到佛像橱柜面前的信徒们讲解佛教绘画中描绘的故事（请参看本章篇章页图片），其中一幅画叫做《舍身饲虎图》。

这幅画描绘的是，释迦在前世曾多次变为人类与动物，他每一次都要施善行。这是从诸多故事中（这些故事被称为"本生谭"）选取的一个绘制而成的图画。来到郊外的萨埵那太子，看见岩石下有一只饿得奄奄一息的母虎，还有七只有气无力的虎仔，心有怜悯，决心要将自己的身躯施舍给母虎。这幅画的上段画的是，太子在峭崖上脱下衣衫，挂到树上，为拯救老虎而发出誓愿。中段画的是太子决心已定，纵身一跳。他两只手臂伸得笔直，缠绕在身上的裙裾翻飞起舞，头朝下径直落下。萨埵那太子的周围，撒满了宝莲之花，香烟缭绕。下段的竹林里，一只饿得消瘦无力的母虎，趴在横躺在身边的太子的腹部，正在津津有味地咬啮。母虎的嘴边有鲜红的血液滴下来，它身旁的虎仔正在舔舐血液，啃咬太子的手足。好一幅触

玉虫佛像橱柜上的《舍身饲虎图》，法隆寺藏。摄影，辻本米三郎

目惊心的场景。与此形成强烈对比的是，太子的表情却异常安详。

　　这幅《舍身饲虎图》的创作来自佛的慈悲之心，以及布施行为。所谓"布施"，即"施与"之意。对于人类而言，其最高境界就是舍弃最强烈的执着，即身体与生命来进行施与。

释迦前世的萨埵那太子，为拯救饿虎母子，将自己的身体与性命施舍出去。

中宫寺的《天寿国绣帐》，是圣德太子之妃橘大郎女刺绣的一幅帷帐，描绘了太子死后往生天寿国的情形。她因怀念太子而命绣工完成了这幅刺绣。在这幅《天寿国绣帐》的铭文中，绣有圣德太子生前对皇太子妃说过的一句话："世间虚假，唯佛是真。"

这句话是否真是圣德太子所言？学者们根据《天寿国绣帐》完成的年代提出了不同见解。对我们前面提到过的玉虫佛像橱柜的制造年代，也有相互对立的不同观点。《天寿国绣帐》也好，玉虫佛像橱柜也好，都是七世纪前后问世的物品，这一点基本上是没有疑问的。但是在这里，我想提醒大家注意一点。玉虫佛像橱柜上的《舍身饲虎图》与《天寿国绣帐》上的"世间虚假，唯佛是真"，二者之间有一个共同之处，即将佛法奉为永恒的真理，而将现世作为虚假的存在而进行否定。玉虫佛像橱柜上还绘有为了倾听佛法不惜舍弃生命的《施身闻偈图》。人们之所以制作玉虫佛像橱柜和《天寿国绣帐》，都是基于对这种精神的共鸣，这证明那个时代存在着这样一代人。

对于历来敬畏自然界众神，肯定现世的日本人来说，这种否定现世，以慈悲之心去施舍身躯与生命的高贵精神，无疑是打开了一扇全新的大门。当然，这是针对当时日本社会上极少一部分人而言的。几个世纪之后，这种观念才对列岛上民众的思维方式产生了巨大影响。

女帝再度登场 六二八年（推古三十六年），推古女皇驾崩后，围绕下一代天皇的人选，朝中产生了严重对立：苏我虾夷（苏我马子之子）等人拥立敏达天皇之孙田村皇子，而境部摩理势等人却拥立厩户皇子之子山背大兄（参看第14页人物关系图）。苏我虾夷起兵灭掉了境部摩理势，第二年，田村皇子即位，是为舒明天皇。舒明登基的第二年，宝皇女被立为皇后。

在舒明天皇时代，先前与遣唐使一道渡海奔赴中国的留学生、留学僧先后归国，他们在日本的新时代中大显身手。这一点将在下一章中谈到。

六四一年（舒明十三年），舒明天皇驾崩，围绕该由何人继位，成为下一任天皇的问题，朝廷中局面再次变得复杂起来。山背大兄依然是强有力的候选人，而舒明天皇与宝皇女所生的中大兄皇子、舒明天皇与苏我氏的女儿所生的古人大兄也毫不示弱，他们都力图登上帝王宝座。在无法决定下一任天皇的情况下，皇后宝皇女亲自登上皇位，人称皇极天皇。这是日本史上的第二位女皇。

六四三年（皇极二年），苏我入鹿（苏我虾夷之子）派兵袭击了山背大兄的斑鸠宫，将他的妃子和儿女们斩尽杀绝。

第二章　大化改新与白村江之败战

百济首都，泗沘城之落花岩。相传，百济灭亡时，被弃之不顾的官女们在此投江而亡。（奥立龙出版公司供图）

1. 激荡的东亚与留学生归国

从隋到唐　　在中国，为了开凿纵贯南北的大运河，隋炀帝征发了无以计数的人力，再加上几次对高句丽的征讨，民众疲弊不堪，全国各地都爆发了叛乱。但隋炀帝却一直待在他十分喜欢的江都（扬州）宫殿，过着花天酒地的生活。六一八年四月（大业十四年三月），隋炀帝被手下的将军所杀。各地群雄割据，战乱不断。最后唐高祖李渊取得胜利。

六二三年（倭国的推古三十一年），新罗遣使来倭，日本留学生惠日等人搭乘新罗使者的船只，从中国经由新罗归国。惠日等人向朝廷作归国汇报时，提出了以下两条建言。其中一条是：

> 赴唐留学生，皆学业有成，可召还倭国。

还有一条是：

> 大唐之国，乃法式（法典与仪式）完备优秀之国。务必再派使者，与大唐建立国交，敬请定夺。

朝廷接受了他们的建议，于六三〇年（舒明二年）派遣了第一批遣唐使。

隋朝灭亡后，唐朝再次建立起大帝国，高句丽、百济、新罗都分别接受了唐朝的册封，国际关系总算回到了正轨。唐朝建立十二年之后，倭国也派出了赴唐使者。

六三一年，倭国使者大概是出席了新年的朝贺仪式，献上"方物"（特产品）。唐太宗同情倭国使者的海路遥远，命令朝中官吏转达，倭国使者不必每年前来献上贡品。这与朝鲜半岛上的国家不同，属于一种特殊待遇。

当时，中国的观念中，世界以中国为中心，东到朝鲜半岛，南到柬埔寨，西至波斯，北至突厥；周边国家分为"入藩"（前来朝贡的蕃国）和"绝域"。对于大唐帝国而言，倭国就属于"绝域"。

还有，同过去的隋炀帝一样，遣唐使归国时，唐朝要派遣使节回访倭国。可是，作为使者来到倭国的高表仁，却既无"绥远之才"(安抚遥远藩夷之才能),又与倭国王子争"礼",尚未宣读国书便返回唐朝了。也许,是他要求倭王对唐朝执臣下之礼而发生了争执吧。倭国之王拒绝了唐王朝的册封。关于唐王朝为何会容忍这样的行为,后人推测,就像当年隋朝和倭国的关系一样,两国关系与国际形势、周边环境密切相关,当时唐朝与高句丽的关系持续紧张,如果能与远在海洋尽头的倭国搞好关系,那是再好不过的事情了。

留学生归国 惠日等人的第一条建议,就是召回留学生与留学僧。第一次遣唐使于六三二年(舒明四年)归国时,首先带回了僧侣旻法师等人,六四〇年,又经由新罗带回了南渊请安、高向玄理。

旻法师在中国居住了二十四年,南渊请安与高向玄理则在中国逗留了三十二年。以上几位僧人的出生年代皆不可考。他们于六〇八年跟随小野妹子来到隋朝,假设他们到中国留学时为二十岁左右的年轻人,旻法师归国时大约是四十四岁,南渊请安与高向玄理则是五十二岁左右。他们的壮年时代都是在中国度过的。

但是,他们逗留时期,中国正处于一个社会激烈变动的时代。从隋帝国的崩溃开始,群雄割据,战乱持续不断,直到新的唐帝国的建立，他们遭遇了多少生死关头，目睹和经历了多少人间惨剧！如此长期生活在激荡不已的异国他乡，他们的留学生涯从整个日本史上来看，也是绝无仅有的。

前文中引用过的惠日等人的第二条建议，"大唐之国，乃法式（法典与仪式）完备优秀之国"，这里的"法式"，在社会上发挥着什么样的作用呢？他们深切感受到了中国社会的深层结构，这是短期留学生们无法窥测到的实情。

他们回到飞鸟地方，皇族和贵族青年都热衷于倾听他们讲述自己的所见所闻。相传，舒明天皇的皇子中大兄与中臣镰足①一道，曾多次前往南渊请安家中请教。

---

①中臣镰足（614—669），即藤原镰足。藤原氏之祖，帮助中大兄皇子灭掉苏我家族，在大化改新中立了大功。

2. 大化改新的开始

宫廷政变　苏我入鹿在朝中势力如日中天,将山背大兄满门抄斩后,中大兄皇子与中臣镰足便开始制订计划暗杀苏我入鹿。这个计划是何时开始的,如今已无法确定。有人猜测谋划于他们经常前去聆听南渊请安讲经说法的途中。

他们终于等来了机会。有消息说,朝鲜三国的使者为进献贡品来到了日本,苏我入鹿将出席敬献贡品的仪式。

举行仪式的四天前,中大兄皇子成功将苏我氏家族中与苏我入鹿关系亲密的苏我石川麻吕拉入自己的阵营,以石川麻吕宣读敬献贡品的上表文为动手斩杀苏我入鹿的信号。一切安排妥当。动手的日子终于来了。

皇极女帝驾临飞鸟板盖宫的大殿,古人大兄皇子侍奉在她身旁。中臣镰足知道,苏我入鹿疑心深重,剑不离身,便

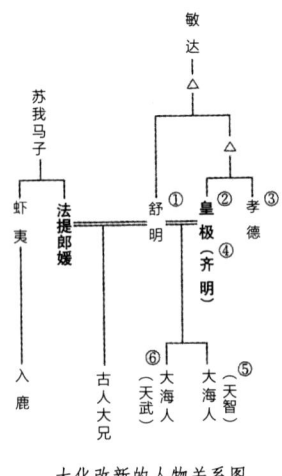

大化改新的人物关系图

让宫中的滑稽演员演出节目,引得苏我入鹿捧腹大笑,放松警惕,将手中的剑放下了。也许是滑稽演员模仿了苏我入鹿小心翼翼地将剑抱在怀中的动作吧。不久,仪式开始。按照计划,苏我石川麻吕走上前来,开始宣读上表文。

同时,中大兄皇子命令担任宫中警卫的士兵们,紧闭宫中所有大门,并将士兵们集中到一处,给他们发放津贴。中大兄皇子亲自抄起一杆长矛,隐藏到大殿侧面。中臣镰足手持弓箭,准备支援中大兄皇子。中臣镰足将两把剑递给佐伯子麻吕和稚犬养网田,并吩咐道:"一鼓作气杀掉苏我入鹿!"吃饭爱就着汤水将米饭咽下的佐伯子麻吕,这时由于恐惧,竟然将米饭呕吐了出来,惹得中臣镰足斥责道:"振作点!"

眼见着宣读上表文接近尾声,却还不见佐伯子麻吕等人动手,苏我石川麻吕急出一身冷汗,不仅音调变了,语无伦次,捧着上表文的手也开始颤抖起来。苏我入鹿感到有些奇怪,便小声问道:

"你为何发抖?"

苏我石川麻吕回答道:"来到大君(天皇)近处,心中甚是惶恐不安。"

中大兄皇子见佐伯子麻吕等人畏惧苏我入鹿的权势,犹豫不决,便大喝一声:"呀!"与佐伯子麻吕等人一起冲上前去。苏我入鹿惊恐万分地站立起来,佐伯子麻吕砍伤了他的一只脚。苏我入鹿倒向天皇御座的方向,以头贴地板道:

"天神之御子,我身犯何罪?敬请裁夺!"

惊恐万分的天皇诘问中大兄皇子道:

"尔等作甚?这是何故?"

中大兄皇子伏在地板上答道:

"入鹿将皇族山背大兄一门斩尽杀绝,想自己登上天皇宝座。难道入鹿能够取代天之御子吗?"

听到这样的回答,皇极女帝起身径直走进大殿深处的内室。中大兄皇子年仅二十岁,身为母亲的皇极女帝会以何种心情来看待儿子的这种行为呢?

接着,佐伯子麻吕便杀掉了苏我入鹿。这一天,飞鸟天降大雨,大殿前水流成河。苏我入鹿的尸体被盖上草席抛到庭院。

苏我大臣家迎来灭顶之灾

目睹了苏我入鹿被斩杀的古人大兄，急忙回到自己的宫殿，躲进卧室闭门不出。古人大兄之母是苏我马子的女儿，苏我入鹿是他的表兄弟。

中大兄皇子立即率群臣进入不远处的飞鸟寺，加强防备，当然也是为了应对苏我入鹿的父亲苏我虾夷的进攻。飞鸟寺周围有一道一米五厚的土筑墙垣，将寺院团团围住，把这里当成一个临时的防御基地真是再适合不过了。另外，苏我虾夷父子的邸宅位于甘梼丘（即今天奈良县明日香村的甘樫丘），紧邻飞鸟寺的西边，从飞鸟寺可以随时监视苏我虾夷一方的动静。

苏我入鹿的尸体被送到他父亲苏我虾夷那里，一直就追随在苏我虾夷身边的东汉氏家族摆好了军阵，整装待发。中大兄皇子派出使者前去劝降，从苏我虾夷手下的高向国押同意投降开始，不断有人离开军阵。

第二天，苏我虾夷自杀身亡，一场惨剧终于结束了。由于政变发生的这一年是乙巳年，因此被称为"乙巳之变"。

苏我马子、苏我虾夷、苏我入鹿三代权倾朝野的苏我家族，就这样土崩瓦解了。不用说，《日本书纪》上记录的政变经过，是站在胜利者中大兄皇子的立场上撰写的"胜者为王的故事"。

第二章　大化改新与白村江之败战

天皇首次禅让　苏我家族灭亡后，第二年的六月十四日，皇极女皇宣布退位，由女皇之弟孝德天皇继承皇位。这是日本有史籍明确记载的天皇禅让皇位的首例。

此前，"日嗣之御子"（太阳神的子孙）或皇太子都是朝臣事先选定的，尚无先帝驾崩之后自动继承大统的例子。皇太子要得到朝中大臣们的拥戴，才能登上皇位。新天皇登基时，由群臣献上象征皇位的三种神器，"铜镜""铜剑""勾玉"，然后由新天皇重新任命大臣和具有高贵姓氏的一系列世袭高官。在先帝朝中早就担任了重臣的世袭贵胄，到了新天皇的时代依然需要得到重新任命。每当有新天皇即位，朝中都要建立起一个新的官僚体系。

但是，皇极女皇让位于自己的弟弟孝德天皇，却并非是因为朝臣们的拥立，而是由皇极女皇和中大兄皇子等人根据自己的意愿来决定的。这一场"乙巳之变"后的禅让，在倭国王权传承史上，是划时代的。过去的继位者，一直是遵照朝中豪族们的意志。

此后，尽管事实上皇位传承依然还会受到豪族们的左右，但根据王权自己的意志来决定皇位继承的制度开始出现（这里指包括习惯在内的广义制度）。

49

前面说到的"乙巳之变"有一点值得注意,那就是主张天皇的血统作为继承皇位的必要条件。紧接而来的这场皇位禅让,标志着皇位的传承须遵从天皇家族意愿这一制度的确立。

因此,这场"乙巳之变"并非只是以苏我家族的灭亡而宣告结束,更是天皇制度史上的巨大转折点。

改新政权迈开步伐

孝德天皇一即位,作为皇太子的中大兄皇子便掌握了实权,中臣镰足成为其心腹"内臣"。另外,之前的"大臣"分为"左大臣"和"右大臣",日本朝着官僚化的道路迈进了一步。朝中还设置了作为中大兄皇子和中臣镰足政治顾问的"国博士",从中国留学归来的僧旻和高向玄理担任了这一职务。为了创立新的国家制度,他们带回来的宝贵知识与实践经验必不可少。

相传,在新政权诞生后的第五天,日本第一次制定了自己的年号"大化"。所谓"大化",是来源于中国典籍中的一个词,意为"以德大化人心,导向善方","化",即使其移动与改变之意。

3. 国家制度与习俗的改革

改革的第一步　　官廷政变之后两个月，新政权逐渐着手进行国家制度改革。首先，向东国[①]与大和的皇室直辖领地派遣使臣，开始调查户籍数量与人口、水田面积等国情。

在向东国派遣使臣的同一天，新政权制定了《男女之法》。新出生的孩子，需要决定他们属于父亲还是母亲一方。良民的孩子属于父亲一方，而奴婢的孩子则属于母亲（生下婴儿的奴婢母亲的所有者）一方。奴婢的待遇形同牛马。当时的人们普遍认为，孩子不只是属于他的父亲方面，并且与母亲方面的亲属也有着密切的关联，作为户口调查的前提，政府制定了中国式的父系原则。

---

①东国，大和附近的畿内地区以东的诸国。

新政权于这一年的十二月,将首都迁到难波①。难波港是大和朝廷通向外国的窗口,这里有外交与贸易的机构。

孝德天皇与中大兄皇子等新政权的领导者们,在充满着海洋气息的难波宫殿迎来了新的一年(大化二年)。拍打着难波港的波浪,与百济、新罗、高句丽,甚至与冲刷着大唐帝国海岸的潮流连成一片。

据《日本书纪》记载,新政权于正月元日发布了由四项条款构成的著名诏书:第一条,改革"部"②的制度。第二条,制定京城、畿内各国、各郡③制度。第三条,制定户籍与班田收授法。第四条,改定赋役制度。这份改新诏书中的部分内容后来因七〇一年颁布的《大宝律令》而作了改定,例如,将"评"④改为"郡"。从这份诏书上也能看出它与《大宝律令》不尽相同,其真实面目尚有许多不明之处。

---

①今大阪一带。
②部,大化改新之前存在的一种生产组织形式,四到五世纪从朝鲜半岛百济引进,由朝廷和豪族管理。将农民、渔民和特殊生产技能之人组织起来进行生产。豪族拥有的"部",须向朝廷缴纳贡品。"部"前往往冠有地名、豪族姓氏,以及该豪族的官职。
③"国"与"郡",日本古代律令制下地方行政组织。"国"相当于我国的行省,下辖"郡"。大化改新后,由朝廷向各国派遣"国司",然后从当地豪族中任命"郡司"。
④"评",同"郡",是"国"下面的行政组织。

到了三月，为了将"国造"管辖之下的"国"重新划分成"评"（后来又称为"郡"）做准备，派往东国的使臣将"国造"与新的"评造"的官员候选人带回了京师。

习俗的改革 同年三月，新政权又发出了一道诏书，要对各种习俗进行改革。第一条，即所谓的薄葬令（丧仪从简的命令），限制古坟的建造，禁止"殡"。所谓"殡"，是在人死之后，入土之前，将遗体放置于灵堂，载歌载舞，举行各种仪式，为死者镇魂的一种习俗。《魏志·倭人传》中也有记载："始死停丧十余日，当时不食肉，丧主哭泣，他人就歌舞饮酒。"[1] 这是自古以来的习俗，但到了大化改新的时代，除天皇和皇太子以外，禁止所有人家举行"殡礼"。

另外还禁止以身殉死，或是用人或马殉葬。殉死也是一种古来的习俗，《魏志·倭人传》中记载，女王卑弥呼死时，曾让奴婢百余人殉葬。在后来的日本《律令》注释书中也可以看到禁止流行于信浓国的殉葬恶习的内容。那里的丈夫死后，要让妻子殉葬。"为亡人断发刺股而诔"也在禁止之列。

---

[1]《三国志·魏书》卷三十《倭人传》，中华书局1964年版，第855页。

为死者斩断自己的头发，刺股，向死者的亡灵以示哀悼，这是在未开化的社会中常见的习俗。《圣经·旧约》中也曾提道，以色列王在确立王权的同时，曾屡屡颁发法令，禁止类似的做法。我们需要注意的是，倭国具有与古代世界各民族国家形成时的相同要素。这正是大化新政权追求的目标。

从氏族制到官僚制

到了八月，再次派遣使者到全国各地去引领"国造"与"评造"的候补者进京。此后，在不断派遣使者的过程中，花了大约十年光阴，才将"国造"所管辖的"国"组建起来，同时还建立了许多的"评"。"国造"之外，一批新兴的豪族也成长了起来，这时，建立一个调停他们之间势力之争的上级权力机构的呼声渐涨，要一面巧妙地利用这种社会结构，一面推进"国"的划分与"评"的新建。

改新政权继承了大和王权的结构，"内国"（后来改称为畿内）的朝中豪族以大王为核心。改新政权想的是，将"内国"定为"畿内国"，再由"畿内国"与各地的"评"共同组成一种统治体制。然后，朝廷全力投入新设之"评"的建立工作。六四六年（大化二年）八月，朝廷第二次向东国派遣使者，着手去改革构成这个国家的骨架的"部"的制度。

"部",是以豪族的世袭制与纵向分割而成的每一个豪族的管理组织形式,到此时,许多"部"已经丧失了设置之初的职能。原本这是一种豪族侍奉朝廷的组织形式,却出现了家族们将掌管的"部"私有化的现象。

为了走出这条死胡同,新政权决心进行大刀阔斧的改革,将"部"统统废除。也就是说,朝廷发出宣言,要废止之前以"部"为骨架的每一个"氏族"享有的世袭制职权,而代之以新的官僚制度与阶位制度。

可是,为了平息随着改革而发生的豪族们的动荡,保证新的官僚制度与俸禄制度走上正轨,朝廷应接不暇。按照新的标准,应该从豪族们一直掌管的"部"中征收的"调"与抽调的"仕丁"(干杂活的劳力),都原封不动地赐给了一直掌管着"部"的豪族们。另外,分阶段地增加了冠位的等级、政府机构与编制人员的数量。

难波朝廷的立礼 要想朝着官僚制过渡,建立起作为官僚的意识与行为模式不可缺少。六四七年(大化三年),难波宫制定了新"礼法"。其中有这样的条文:"有冠位者,早朝时并列于朝廷南门之外,随日出进入朝廷再拜,然后到政厅着手政事。迟到者不得入内。闻正午钟声,

跪姿男子"埴轮"(土俑明器)。(群马县冢廻四号墓出土,六世纪,国家文化厅藏)

方可退厅。"

另外,从这时起将古来传统的"跪礼"即双手着地行礼,改为站立姿势的鞠躬即"立礼",后世将此称为"难波朝廷之立礼"。

《魏志·倭人传》也有跪下两手着地行礼的内容,"下户"(庶民)对"大人"(身份高贵之人)说话时,"传辞说事,或蹲或跪,两手据地,为之恭敬"。这种礼法一直保留至七世纪。在共同拥立大王的大和朝廷中,豪族们在大王面前也要像奴隶一样侍奉。"跪礼"就是象征这种尊卑关系的礼仪。

新制定的"难波朝廷之立礼",也并非立即就固定下来。到了大约三十五年后的还不断反复颁布禁止跪伏的命令。可见邪马台国时代保留下来的风习是何等根深蒂固,改新政治的继承者们企图移风易俗的热情是何等高昂,给我们留下了深刻印象。

改新政府推出的废除"部"的制度,也无法立即实施。后来,又经历了大约半个世纪的艰难曲折,大化改新的各种政策才一一付诸实践。但这种努力却显示了国家制度变革的基本方向,在迈出变革的第一步中,包含着中大兄皇子等人所苦心经营的政策的重大意义。

4. 白村江之败战与亡国危机

新罗的金春秋之选择 在改新政府推行改革的六四七年(大化三年),新罗王族金春秋(即后来的武烈王)经过一番外交上的谈判交涉,自己作为"人质"来到了日本。但与通常意义上的"人质"不同,他同时还兼任着外交官的身份。

金春秋是新罗王之孙,其母也是大王之女,他辅佐真德女王,在新罗的内政与外交舞台上十分活跃,五年前出使高句丽时,曾遭到囚禁,好不容易才逃了回来。这一次,金春秋主动作为"人质"又来到了日本。

金春秋稳重成熟、德高望重,在倭国朝廷博得极高声望。翌年(六四八年),金春秋归国。这一次,他又和自己的儿子一道前往唐朝。唐太宗以极高的礼遇接待了他。金春秋到达唐朝次年,回到新罗。他引进唐朝的官服作为新罗的制服,并开始沿用唐朝的年号,以示新罗是唐朝的属国。

出使高句丽,身陷囹圄,又作为"人质"访问倭国,后出使大唐,为国家寻找生存之道,即作为唐朝属国的道路。金春秋的这种选择,对后来东亚各国的命运产生了巨大影响。

退位女帝重祚　　六五三年(白雉四年),中大兄皇子进言,将首都迁移到大和古京,没能得到孝德天皇的允许。这时,孝德天皇与中大兄皇子之间出现了深深的裂痕。中大兄皇子无视天皇的反对,带着母亲即前任皇极女帝、间人皇后(中大兄皇子之妹,孝德天皇之后)、弟弟大海人皇子等人返回飞鸟地方。朝中重臣与百官都追随中大兄皇子而去。

孝德天皇被抛弃在难波宫,无人理睬,于第二年即六五四年薨逝。又过了一年,前任皇极女帝再度登基,号称齐明天皇。至于为什么即位的不是正值三十岁盛年的皇太子中大兄皇子则成为千古之谜。

生前就退位的天皇,皇极女帝是第一个,天皇退位后重祚(第二次登基)的,她也是第一个。并且,这一年女皇已是六十二岁的高龄。中大兄皇子以皇太子身份,统揽一切国政大权。

百济灭亡

六五五年，高句丽与百济联合起来入侵新罗。前一年刚刚登基的金春秋（武烈王）请求唐王朝救援。唐王朝一口应诺，出兵高句丽，但遭到了高句丽的顽强抵抗，唐朝再次派出大军，双方展开了激烈的攻守拉锯战。

六五九年，百济狐假虎威，借高句丽的势力侵犯了新罗领土，新罗强烈要求唐军讨伐百济。以此事件为开端，唐军开始征讨百济。唐朝方面断定，首先灭掉在背后支援高句丽的百济，是一条取胜的捷径。

齐明六年（六六〇年）三月，唐高宗发动水陆大军共十三万，驰援新罗，攻打百济。唐军主力溯锦江（白马江）而上，与新罗军合流，包围了百济的郡都泗沘城（扶余）。被重重围困的百济义慈王，抛下守备军士、女官与宫女们，弃城落荒而逃。传说被遗弃的后宫女官与宫女们，纷纷从城楼所在的悬崖之上纵身跃入锦江的波涛之中。"落花岩"的"落花"，比喻的就是纷纷投江的女官和宫女们。今天，站在"落花岩"之上俯瞰，岩下白马江（锦江）的清清流水兀自静静流淌。（请参看第二章篇章页）

五天之后，义慈王宣布投降，百济国灭亡。成为俘虏的义慈王与皇太子等人，被押送到东都洛阳。因为这场战争而暂时不能归国的倭国使节们目睹了义慈王被拉上朝堂的场景。亲眼见证亡国之君的百济国王等人窘态的他们，心中会涌起一番什么样的感慨呢？

唐朝与新罗联军征讨百济，雷鸣电闪般速战速决，取得巨大成功。但是，他们只是占领了百济国土的一些点与线，各地依然残存着百济遗留下来的将士们，一旦唐军主力回师北上高句丽，他们就会为复国而重新开始战斗。同时，他们还派出使者前往倭国，请求倭国派遣援军，并要求送回三十年前送到倭国当人质的百济王子扶余丰璋，希望立他为王，复兴百济。

百济亡国的消息传到倭国，朝中弥漫着一股危惧气氛。如果派出援军，那就是直接与唐朝和新罗军为敌。可是，倭国作为历来与百济交好的邦国，焉能坐视不理？另外，若百济就此灭亡，唐朝的威胁就会近逼到倭国的眉睫。经过一番苦恼而艰难的抉择，朝廷决定发兵救援。

白村江之战

那一年岁末，齐明女帝移驾难波宫，开始了出兵的准备。到了第二年的六六一年正月，齐明女帝与中大兄皇子、大海人皇子等人一起从难波出发，一面从各地征兵，一面朝着位于九州的筑紫进发。

白村江之战

律令制国家是建立起来了,但要让交通网和行政公文系统开始正常发挥作用,还需要半个世纪的时间。在这个时代,女皇必须亲自来到吉备(今冈山县),召见中国地方①的豪族,再来到伊予(今爱媛县)召见四国地方的豪族,亲自动员征兵。

《万叶集》中有一首著名的和歌,创作于熟田津,即今天四国岛爱媛县松山市附近的港口。作者额田王是齐明女帝身边的高级女官:

熟田津上待皓月,扬帆起航潮正涨。

——额田王《万叶集》卷1—008

到了八月,援军的人马终于征调齐备,开始护送扶余丰璋返回百济。第二年(六六二年)五月,举行了扶余丰璋的

---

①中国地方,距离日本的京畿不远不近的地方,包括冈山、广岛、山口、岛根、鸟取五县。

登基大典。有了可以仰仗的大王，百济复兴军势力大增，开始在各地展开对唐军和新罗军的激战。可是，大王扶余丰璋与百济将军鬼室福信严重对立，六月，扶余丰璋杀掉鬼室福信。

这时，形势发生了剧变，唐军和新罗军沿锦江而下，逼近百济复兴军占据的河口处的周留城。倭国水军接到告急文书后，连忙赶往锦江河口（白村江）。

八月十七日，唐军和新罗军包围了周留城。唐朝水军以一百七十艘战船在白村江等候倭国水军的到来。而倭国水军则在靠近海面的河流下游集结。二十七日，倭国水军与唐朝水军展开激战。二十八日，在决定胜负的关键一战中，倭国水军很快就溃败下来。

中国史书上记载：

> 四战捷，焚其舟四百艘。烟焰涨天，海水皆赤。

倭国水军溺水而亡者不计其数，据说，他们甚至来不及调转船头逃命。

扶余丰璋逃到高句丽，九月七日，周留城沦陷。落荒而逃的倭国士兵集结于朝鲜半岛南部，带着亡命日本的百济将军和士兵们，于九月二十五日踏上回国之路。

建立防卫体制　　大概是中大兄皇子等人赶到筑紫之津（九州博多湾）迎接了这批残兵败将吧。中大兄皇子一定是仔细聆听和阅读了以这个国破家亡的生动例子写成的报告。

年老体衰的齐明女帝，在这场战争紧锣密鼓地进行过程中驾崩了。中大兄皇子尚未举行登基大典，便手握天皇大权，也就是临朝称制。

中大兄皇子是何时返回飞鸟地方的，我们不得而知。白村江大败后的第二年，即六六四年二月，他便早早就开始着手国家制度的改革。将"氏"分为"大氏""小氏""伴造"①，并将大刀、小刀、干盾、弓箭赐予氏族长老，还将每一个氏族中的成员分别定为"民部"与"家部"。"民部"是负责向朝廷提供"调"（按户征收的赋税）和"仕丁"（服劳役的劳动者）的集体组织，"家部"则是无须向朝廷缴纳赋税的氏族直属民。

发往百济的救援军基本上是以氏族为单位而征调的，在官僚制度尚未成熟的这段历史时期，重建体制，重新整编氏

---

①伴造，侍奉大和朝廷的"品部"首领。"品部"是隶属于朝廷的民众组织，向朝廷敬献农产品和渔业产品。伴造统率居住在朝廷附近的"品部"，并在朝中担任官职。

族是十分必要的。

中大兄皇子在对国家制度改革的同时，还逐步公布了国土防卫政策。在对马、壹岐、筑紫国驻留"防人"（海防部队），建立烽火台；在海边构筑起水城，以及朝鲜式的大野城、椽城等山城防御体系，守卫大宰府。在对马岛上建起了金田城，从关门海峡到濑户内海的几处战略要地，筑起了屋岛城等山城，在河内国与大和国的境内的生驹山上修筑了高安城。

六六七年，中大兄皇子将首都迁移到近江国的大津宫。这里是不会直接受到外敌攻击的内陆，还是通向东国与北陆地方①的交通要道。由于百济战役中，从日本西部征调了大量兵士，使得这一带的民力疲敝不堪，他决定今后征兵主要依靠东国，如此，大津的地理位置比起飞鸟来更加优越。

《近江令》与庚午年籍

中大兄皇子迁都大津宫，到了第二年的六六八年新月才正式登基，号称天智天皇。

这一年，唐朝派大军进入高句丽，新罗也奉唐朝之命派出了部队。高句丽派遣使者到倭国求援，倭国朝廷却未做出

---

①北陆地方，北陆道，包括今天的富山、石川、福井、新潟四个县。

任何反应,因为他们根本没有出兵的勇气,唐朝的报复令他们胆战心惊。

经过了一个月的攻防战之后,高句丽的首都平壤终于陷落。自此,从第一代开国始祖算起,直到二十八代国君,经历了七百多年繁荣的高句丽终于灭亡。

相传,这时刚刚即位的天智天皇命令中臣镰足制定了《近江令》。但是,《近江令》很可能只是后世的学者们对中大兄皇子(天智天皇)执政期间颁布的一系列划时代法令的总称,而并非一部具有完整体系的法典。由此可以推测,倭国与百济和新罗一样,虽然引入了中国的律令,但并未编撰出系统的律令法典。

即便这是一部没有完整体系的法典,也并不会冲淡中大兄皇子(天智天皇)颁布的许多政策所具有的历史意义。其中,有他即位两年后,即六七〇年(庚午年)制定的几乎涵盖全国范围的《庚午年籍》,标志着古代国家形成过程中的一个重要历史阶段。

《庚午年籍》从本州的东国直到南方九州的筑紫,囊括了当时的朝廷势力所能到达的所有小国范围。《庚午年籍》的原件虽然尚未被发现,但据推测,其记录了每一户的户主、每个人的名字,还记有简单的家谱、性别、良贱区别等内容。

令人遗憾的是，记有《庚午年籍》是如何编撰而成的相关史料，都没有保存下来。根据《圣经·旧约全书》的记载，古代以色列的大卫王在进行人口普查时，上帝耶和华十分反感，后来便有严重的瘟疫流行。另外，近代西欧人对尚未开化的社会进行户口调查时，也都必定遭到了原住民的激烈反抗。还有，在古代许多民族中，为了防止别人用自己的名字来进行诅咒，真实姓名对外人都是保密的。相传如果自己的名字让人知道了，接着就会出现可怕的事情，自己的灵魂就会受人支配。几乎涵盖全国的《庚午年籍》的编制过程，对每一个地域社会都是一个极大的冲击。其冲击程度之深，远超出我们的想象。

第三章 壬申之乱与律令制国家的成立

"富本"钱币。飞鸟池遗址出土,奈良国立文化遗产研究所提供

1. 六七二（壬申）年的大乱

天智天皇之死　六七一年冬，天智天皇死于床榻之上。在飞鸟板盖宫，年轻的中大兄皇子（天智天皇）先是斩杀了苏我入鹿，拉开大化改新的序幕，如今又在这里结束了自己波澜壮阔的一生。

在当时的朝鲜半岛，新罗与唐朝结盟，先后灭掉了宿敌百济、高句丽。如今，目的已经达到，新罗的态度却来了一个大转变，开始将唐军赶出国门。六七一年，新罗夺回了由唐军占领的百济旧都泗沘城（扶余），唐朝在朝鲜半岛的统治权面临着重大危机。天智天皇去世时，就正值这样的历史拐点。

天智天皇在世的时代，有时会出现由他的同母弟大海人皇子宣读诏书的情况，大海人皇子被朝臣公认为"日嗣之御子"（天照大神之后裔，预定的皇位继承者）。可是，不知从何时开始，天智天皇萌生了想要传位于自己的儿子大友皇子的念头。

天智天皇卧床的十月,召来大海人皇子,向其交代后事。明察其中隐情,知道自己面临着生命危险的大海人皇子在宫中的佛殿前剃发出家,隐于吉野山的深山之中。当时的人们纷纷传言,"为虎添翼,放之"。

大海人皇子到吉野山不久的十一月初,从朝鲜半岛而来的两千名唐朝使者,分乘四十七艘大船来到倭国。他们送来了在白村江之战中俘虏的倭国士兵约一千四百人。据推测,面对新罗军攻击已经处于劣势的唐军,这次是来请求倭国出兵相助的。

但当时的近江朝廷,天智天皇正在病榻上奄奄一息,大海人皇子出走吉野山,倭国完全无力向朝鲜半岛派兵。大友皇子将左大臣、右大臣等首脑人物召集到天智天皇的病榻之前,让他们发誓要精诚团结。进入十二月后,天智天皇病情进一步恶化,三日那天,他终于走完了自己的一生,享年四十六岁。

第二年是六七二年(壬申年),近江朝廷将天智天皇的死讯通知了停留在博多湾的唐朝使者。虽然倭国不能答应唐朝使者提出的出兵要求,但为了对唐朝使者送回倭国俘虏表示感谢,向他们赠送了武器和军需物资。五月末,唐朝使者返回朝鲜半岛。

同年五月,大海人皇子的舍人(近侍)报告说:下官因私事去了一趟美浓国(今歧部县南部),近江朝廷向美浓、尾张(今爱知县西部)的"国宰"(地方官)施令,征调壮丁为驾崩的大君(天智天皇)建造山陵,还要给集结起来的壮丁分发武器。

内乱开始

大海人皇子感到危险向自己逼来,近江朝廷调动兵力,不就是要灭掉自己吗?六月二十二日,他派遣舍人飞快赶往美浓,命令美浓国的汤沐令(大海人皇子直属领地的管理官员)"派遣兵士,封锁不破关①"。过了两天,即六月二十四日,大海人皇子派遣使者前往朝廷的飞鸟官府,申请发放"驿铃"(可调动各地驿站马匹的凭证),却遭到拒绝。当然,他们申请"驿铃"一事,很快就传到了近江朝廷。

此时一刻也不能耽搁了,大海人皇子带上妃子鸬野皇女(后来的持统天皇)、幼年的皇子草壁、忍壁,还有身边的近侍舍人二十余人、女官(宫女)十余人一道连忙出发。因马

---

① 不破关,日本古代著名的三处关隘之一,位于今歧阜县的不破郡关原町,是扼守通往近江与东山道的咽喉要地。

壬申之乱。实线为大海人皇子行进路线，虚线为高市皇子进军路线

匹的数量不够，大海人皇子只好徒步前行，鸬野皇女则乘坐轿子，他们在半路上才骑上了马。后来，又有二十来个猎人加入了他们的队伍。

到达与伊贺国（今三重县西部）接壤的边境地带时，天色已晚，但一行人都不敢停下来休息。因为大友皇子的母亲是"伊贺国造"的女儿，伊贺国对于他们来说更加危险，一行人只好彻夜赶路。

渡过横河（名张川）时，黑云压城。大海人皇子亲自用占卜木棍占了一卦，他理直气壮地将占卜结果告诉大家：

天下虽一分为二，但我终将夺得天下。

第二天清晨，到达了积殖（即拓殖，今属三重县）山口，遇上了从大津宫中逃出来的高市皇子。高市皇子是大海人皇子的长子，此时已经十九岁，虽然其母地位低微，但对此时的大海人皇子而言，与高市皇子的相遇，的确是壮了胆。

一行人到达川曲的坂下（今三重县铃鹿市附近）时，天已经黑了。鸬野皇女已经疲惫不堪,只好停下来稍事休息,但一行人很快就重新出发了。他们在激烈的雷雨之中,连夜行军。

第二天拂晓,在靠近大海的迹太川(今朝明川)海滨,大海人皇子远远地面对南方祭祀着天照大神的伊势神宫进行参拜。这时,从大津宫逃出来的大津皇子也赶来了。后来,大海人皇子又接到部下的报告:"征调美浓国士兵三千人,已封锁不破关之路。"封锁不破关,同时征调东国士兵与近江朝廷开战,这正是大海人皇子举兵之初制订的计划。

大海人皇子委派高市皇子担任总指挥官,首先将他派往不破关,然后又派出使者前往东国,命他们动员东海与东山的士兵。这天夜里,大海人皇子这才在桑名(三重县北部城市)的"评家"(郡守之官衙)中有了喘息的机会。从吉野山出发算起,他已经整整两昼夜不曾合眼,一直在行军的路上。

壬申之乱的历史意义 大海人皇子成功动员了东国的兵力,与此相比,近江朝廷在西国的动员却遭遇失败。管辖中国地方的吉备大宰(地方长官),接到近江朝廷的战争动员令时,因脸上露出为难的神情被朝廷使者杀掉。还有,管辖九州筑紫的大宰,也断然拒绝了前来传达动员令

的使者。他是这样回答的:

> 筑紫国(九州)担负的是抵御外敌来犯的任务。修筑坚固的城池,是为了守备海防线,而不是为了对付内贼。如今,若朝廷下令举兵,势必造成海防空虚,一旦有不测发生,国家将崩溃于顷刻之间。到了那步田地,就是将我斩首百次,也于事无补了。

看来,吉备与筑紫的大宰都与大海人皇子步调一致。筑紫大宰的这番话,也许只是拒绝出兵的借口。但仅仅在一个月之前,就曾有唐朝的大船队在博多湾上停泊过。征讨内贼,我只能按兵不动。筑紫大宰的这番话真可谓掷地有声。

大海人皇子成功动员起东国的军士,将近江朝廷的防御据点逐一攻破,大津宫终于陷落。大友皇子败走荒野,七月二十三日自缢身亡。三天后,大海人皇子的军队提着大友皇子的首级凯旋,回到驻扎在不破关的大海人皇子身边。当他目睹大友皇子的首级时,不知作何感想。[①] 战争只持续了大约一个月。

[①]大友皇子是大海人皇子的侄儿,同时也是他的女婿。大友皇子之妃十市皇女,是大海人皇子与额田王所生的女儿。

第三章　壬申之乱与律令制国家的成立

相传，攻占了大津宫的大海人皇子的军队在军装上面缝有红布，旗帜也是红色的。在中国，红色是汉朝第一位皇帝汉高祖夺取天下时的军旗颜色，大海人皇子是将自己比喻成汉高祖了吧。大友皇子是大海人皇子之兄天智天皇的儿子，他们都是出自同一父系的同族之人，这与中国的皇位转移到别的父系集团（姓氏）的易姓革命不同。但是，对于大海人皇子来说，灭掉近江朝廷，也是一种广义的革命吧。

以大化改新为开端的国家制度改革之核心，吸收了豪族们的势力，从而形成了广义上中央集权的官僚制国家。设想出这条发展道路的正是中大兄皇子（天智天皇）和他的顾问团，就国家制度基本的变革方向确立来说，中大兄皇子迈出的第一步，具有巨大的历史意义。

可是，飞鸟宫中发生的"乙巳之变"却并未动摇构成朝廷的豪族权力基础。由于壬申之乱的爆发，近江朝廷轰然倒塌，把持朝廷的畿内大豪族们失去了权力与权威，由此真正意义上的古代官僚制度的建立才有了可能。

2. 天武·持统朝：成为东海小帝国

天武天皇即位　　壬申之乱中取得胜利的大海人皇子回到了飞鸟，第二年（六七三年），大海人在飞鸟的净御原宫即位，史称天武天皇，将与他生死与共的鸬野皇女立为皇后。

同年八月，新罗国派来"祝贺天武天皇登基使者"与"为天智天皇吊丧使者"。天武天皇让前者进入都城，却让后者原路返回，并告知"天下新平"，向他们发出日本已经发生"革命"的宣言。

享有绝对权威，手握绝对权力的天武天皇，在战后的戒严体制结束后，开始着手构建统治机构，其核心是军事集团。发动叛乱而取得皇位的天武天皇，一定是切身体会到了军事力量的可怕与重要性。

天武天皇发出的诏书以"凡政要皆军事也"为开头，命令所有官员都要接受武器使用与骑马的训练。他还着手建立行使权力的机构——官僚制度,还制定了录用官员、评定政绩、发放薪金的制度。

天武天皇还再次着手建立豪族的"氏族制度",他制定和颁布了"八色之姓",赐予能够提拔出高级官员的"氏族"以"真人""朝臣""宿祢""忌寸"等姓氏。

就像《万叶集》中一首作者不明的和歌咏唱的那样:

> 我邦天皇乃神灵,水鸟喧处定国都。
> ——《万叶集》卷十九—4261

天武天皇被赞美为神,到了这个时代,支撑起天皇权威的祭祀和礼仪体系都完善起来了。就像前面说过的那样,壬申之乱时,大海人皇子从吉野出发前往东国时天将拂晓,他们曾经在伊势的迹太川海滨遥拜天照大神(伊势神宫),后来,柿本人麻吕吟咏道:

> 伊势神宫吹来的神风,吹得敌军晕头转向……
> ——高市皇子挽歌《万叶集》卷二— 199

这场战乱之后，天武天皇恢复了已经荒废许久的"斋宫"制度，将女儿大伯皇女派往伊势神宫。所谓"斋宫"，是天皇将自己未婚的姐妹或女儿封为斋王，派到伊势神宫去侍奉天照大神。相传，每隔二十年就要举行一次的伊势神宫"迁宫仪式"①的制度，也是从天武朝开始的。

天武天皇与皇后下令着手制定律令。虽然天武天皇在世时"律令"尚未完成，但到了持统天皇的时代，起码将"令"完成了。

持统女帝与飞鸟净御原令

六八六年，天武天皇驾崩，为他举行的镇魂仪式"殡礼"开始不久，鸬野皇后（后来的持统天皇）为了让自己的儿子草壁皇子成为皇位继承人，将姐姐大田皇女的儿子大津皇子抓捕起来，逼他自杀。大津皇子幼年丧母，他的母亲大田皇女与姨妈鸬野皇女都曾是大海人皇子的妃子。大津皇子文武双全，擅长汉诗创作，在朝廷上威望颇高，是继承皇位的有力候选人之一。

---

①伊势神宫的正殿是茅草葺顶，时间长了容易漏雨。因此每隔二十年要在正殿旁修建新宫殿，让天照大神的"神体"迁移到新宫殿中。这一神道仪式保留至今。

天武天皇的"殡礼"仪式持续了两年零两个月。仪式结束后,便要举行草壁皇子的登基大典。但就在这节骨眼上草壁皇子亡故。时年,草壁皇子与妃子阿閇皇女所生的儿子轻皇子(后来的文武天皇)尚在幼年,虚岁只有七岁。

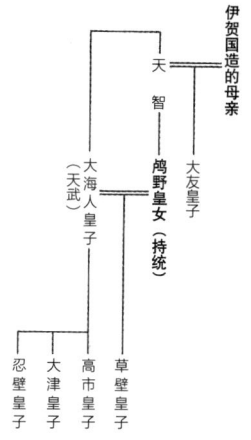

天武天皇与持统天皇的子孙关系图。天武与大田、鸬野的结婚,属于姐妹型的一夫多妻婚姻。另外,大田、鸬野还是同父同母的姐妹。

到了平安时代以后,时有幼年天皇出现。但飞鸟时代的天皇制尚不稳定,还未正式确立起来。七岁的孩子无法尽到天皇的职责。鸬野皇后作为祖母,在孙子轻皇子成长过程中有着承上启下的作用。草壁皇子死后的第二年(六九〇年),鸬野皇后即位,称为持统天皇。在难于决定皇位继承人的时候,先帝的皇后便会作为继承人登基,这是仿效了推古女皇和皇极女皇的先例。

持统天皇继承丈夫天武天皇已经开始着手的"律令"① 制定工作,在她登基大典的前一年(六八九年),首先开始实施

---

① 律令,"律"指刑法,"令"则相当于行政法等中央集权国家统治的基本法典。"律令"在古代中国十分发达,到了隋唐时代更加完善,并推广到日本以及东亚各国。

了"令"的法典，这就是《飞鸟净御原令》。作为一部体系完整的法典，《飞鸟净御原令》被公认为日本最早的法典。"令"与以刑法法规为主的"律"的不同之处在于，"令"以广义的行政法规为主。由于《飞鸟净御原令》的诞生，日本的古代官僚制度才开始走上正轨。另外，"律"的法典在下一部的《大宝律令》中才完成。

持统天皇即位的那一年（六九〇年，庚寅年），依照《飞鸟净御原令》，在全国范围完成了户籍《庚寅年籍》的编制。从此，每隔六年都要定期新编户籍。

在中国，统计户籍是以生活单位的"家"为"户"来登记的。而日本的"户"是将包括成年男子在内的平均四人作为一行政式的编组，每一户中征调一名士兵；而且，还将"户－保（五户）－里（五十户）"这样的行政组织，与"兵士－伍（兵士五位）－队（兵士五十位）"的军队组织一一对应。

《庚寅年籍》一旦编撰完成，便以此为基础实行了班田收授制度。日本的班田制是以中国的均田制为蓝本的，但两者之间有着根本的不同。唐朝的均田制规定，成年男子受田的面积为百亩，这是在中国古代典籍中以井田法为渊源的传统理想额度。但可以推断，每位成年男子实际的受田面积只有百亩的半数左右。如果农民都能拥有百亩土地，那么这个世道就是理想中的圣人与君子之世。均田制明显包含着空想的成分，但在现实生活中却发挥了有弹性的限制豪族大规模占有土地的作用。

可是，日本的班田制的班田份额为男子两段①，女子为男子的三分之二。这是一种希望按照以上规定来收授田地，从而力图实现中国古代典籍中记载额度的理想制度。

藤原京与富本钱

天武与持统朝廷构想的国家制度，具有真正想实现中国古代典籍中的理想成分的强烈倾向。这种特色在藤原京的城市规划上也清楚地体现出来。

天武天皇在制定律令的同时，还开始着手新京城的建设，到了持统天皇时代，藤原京的建设大功告成，六九四年迁都藤原京。藤原京是模仿中国的国都而建成的真正意义上的京城。它的基本蓝图与唐朝的长安城与洛阳城不尽相同——后者的宫殿都不在京城中央，而是依据中国《周礼》中的理想京城结构，在京城的中央建立宫殿。近年来的发掘调查不断证明了这一点。

---

①段，土地面积单位，一段也叫一反，十段为一町。大化改新规定，360平方步的土地为一段。1582年，丰臣秀吉的"太阁检地"时改为300平方步为一段。

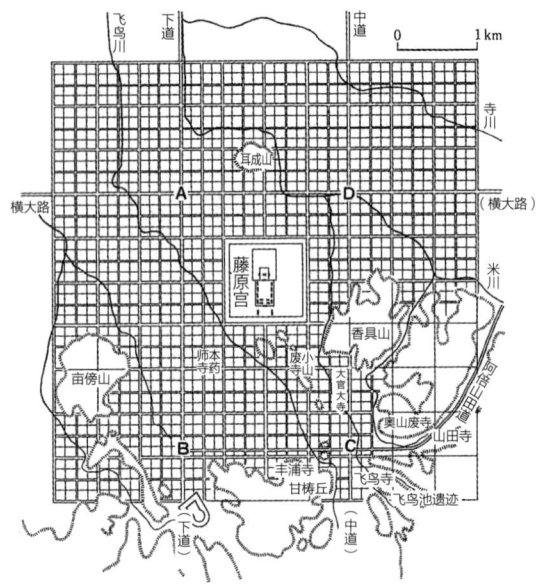

藤原京复原图。另外，图中的ABCD之内的地域是根据岸俊男的学说标出的京城范围

天武与持统朝廷发行的货币，是以唐朝的开元通宝（也叫开通元宝）为参考铸造的，为了追求与开元通宝不同的独立风格，可能还参考了汉代的铸钱。

在天武朝时代，倭国（日本）的国土上首次开采出银矿，开始使用银钱。而作为银币的替代而铸造的铜币，从飞鸟池遗址（今奈良县明日香村）的作坊发掘出来（请参看本章篇章页）。铜币的大小与重量都与唐朝的开元通宝相似（请参看

108页照片），但并非像开元通宝一样铸造四字铭文，而只有"富本"两个字。"富本"来自中国的古典思想，"富民之本在食与货也"。在钱币上只铸造两个字，很可能是模仿了汉代的五铢钱。

但是，在"富本"二字的左右，有七颗星星（七曜），这是采用了中国古代的阴阳五行学说（这一点将在下文中讲述），这与汉代钱币不同的特性特别引人注目。

在中国，包括秦始皇的半两钱，每个朝代都要发行货币，而东亚的高句丽、百济、新罗，还有吐蕃、南诏等有相当实力的国家，直到唐代都不曾铸造钱币。在中国周边的东亚各国，铸造钱币是从十世纪之后才开始的。只有日本是一个例外，很早就开始铸造钱币了。

这大概依然与倭国（日本）不曾受过中国皇帝的册封的事实有关。我们可以这样考虑，受到中国册封的国家，都不曾制定过自己的律令，铸造自己的钱币。日本的"律令"法典与"富本"钱，是东海小帝国的象征。就"富本"钱而言，比起它的流通范围，发行货币本身更具有重要意义。

道教与日本文化　　我们将话题追溯到更早一些的时代，六八六年，天武天皇驾崩后，在殡宫中就被追赠了一个和风谥号"天渟中原瀛真人天皇"①。"瀛"是仙人居住的东海三座神山"蓬莱""方丈""瀛洲"中的一座。"真人",指领悟到"道"的真谛之人。这两个词语都是来自中国神仙思想的重要语汇。"真人"在天武天皇制定的"八色之姓"中位列第一。

对于天武天皇的谥号中体现出来的神仙思想与中国的本土宗教道教之间的关系,后世的学者有着不同的思考与见解。道教这个词本身就是一个具有多种含义的概念。道教以中国古代的民间信仰为基础,神仙思想为中心,在此之上又涵盖了许许多多的要素,各种要素还复杂地缠绕在一起。这些要素包括道家思想、易、阴阳、五行、谶纬、医学、占卜等,甚至还有巫术信仰、长生不老的咒术等。

在广义的道教式的诸多要素之中,有的很早以前就传到了日本列岛,和广义的儒家和佛家混杂在一起广为流传。

相传,七世纪后半叶的天武天皇十分擅长遁甲(占星术与咒术),还有占卜。壬申之乱的时候,当他观测到天上飘动的云层时,便取来小木棍占了一卦(请参看本书第74页),

---

①渟,水停止不流动(《广雅·释诂三》)。这里以水深而静谧来比喻天皇的逝世。"中原",《古事记》中称日本列岛为"苇原の中つ国",意为芦苇原之中的国家,位于"高天原"(天上之国)与"黄泉"的中间。

他在登基不久后便建造了占星台。据推测，天武时代铸造的"富本"钱的七颗星星，是根据阴阳与五行学说而来的日、月和木、火、土、金、水。在货币上铸造七颗星星，这在中国不曾见过。

日本神道的重要礼仪"祓"与"禊"来源于中国自古的习俗，六月和十二月晦日的"大祓"和"咒文"，也都是来源于广义的道教咒文，其他还有昊天上帝、三极大君、东王父、西王母等内容。就连"神道"这个词本身也是中国古代的常用语。

如果将广义的各种道教要素从神道中除掉的话，就像是一层层剥去藠头的皮，其核心部分也许就所剩无几了。首先设想出日本文化的固有内容，然后在外面层层包裹上外来文化，这种想法本身就包含着极大的错误。

道士法	道观	道士、女冠
佛法	佛寺	僧尼

道士法（教团道教）与佛法（佛教）专用名词对比表

就这样，在古代日本列岛，包括神仙思想在内的广义道教的各种因素都深深地融合进来了。这里需要特别注意的是，日本的朝廷曾经拒绝过颇受唐代统治者重视的"道士法"（教团道教。以道观与道士、女冠为主的宗教)。日本的律令虽然以唐朝的"道僧格"(有关道士、女冠与僧、尼的法规)为蓝本,却排除了道士、女冠,变成了"僧尼令",而在大学规定的教科书中也有意将《老子》排除在外。其最大的理由是,唐朝皇室与老子一样姓"李",将姓李名耳的老子作为了唐朝皇室的先祖。

不接受中国皇帝的册封,日本朝廷追求的目标是成为独立的东海小帝国,那么,日本朝廷就不会接受以中国皇帝的祖先老子为教主的"道士法"(教团道教)。事实上,在古代日本也不存在道观与道士、女冠。

日本所继承的,只是包括神仙思想与阴阳五行说,还有各种各样的咒术的广义道教的诸多要素。这些要素成了日本基层文化的重要组成部分,成了神道与修验道[①]的基础。

话题再回到天武天皇身上,他倾心于神仙思想与占星术等,同时又修建了作为国家大寺的"大官大寺"(后改名为大安寺)。天武天皇还派人到全国各地去宣讲《金光明经》和《仁王经》等护国经典,为佛教成为护国佛作铺垫。

佛教并非诞生于中国,而是印度。大兴佛教,是想让佛

[①]修验道,日本佛教流派之一,基于日本自古以来的山岳信仰,企图以山中修行的方式获得咒术之力,重视与自然融为一体的即身成佛。

教发挥作用,以此证明日本是独立于中国之外的国家。在飞鸟地方建起了代表佛教世界观核心思想的须弥山,在须弥山周围摆开盛大宴会,招待日本周边地区的虾夷等异族。这也是为了表明日本是一个能让异域之人顺服于自己的独立帝国。

3. 律令制国家的建立

制定《大宝律令》

期待着孙子快快成长的持统女帝,于六九七年将皇位让给了十五岁的轻皇子。轻皇子改称文武天皇。持统天皇以"太上天皇"的身份作为后盾,与文武天皇一道治理天下。

"太上天皇"的制度,在中国的律令中并不存在,而是日本形成的一种开创性的律令制度,以保障持统天皇对文武天皇的辅佐地位。由多数人来共同担负王权,这是在未开化的社会里常见的一种权力结构。这样的王权性质,我们曾在谈到日本的"大后"与"大兄"时涉及过。多数人共同执掌政权的现象,在日本后来的"院政"① 时代作为一种深层次的暗

---

① 院政,某某天皇退位后改称某某院,但却继续执政的现象。日本的院政分为三个时期,即平安时代到镰仓时代的白河院、鸟羽院时期,后白河院、后鸟羽院时期,后高仓院到后宇多院时期。

流而存续下来。

文武天皇登基后，在持统天皇的主导下，推进了新律令的编撰事业。文武四年（七〇〇年）三月完成了"令"的法典，第二年即大宝元年（七〇一年）八月又完成了"律"的法典，日本的"律令"日臻完善。这就是《大宝律令》。

在《大宝律令》即将完成的七〇一年正月元日，文武天皇登临藤原宫的大极殿，接受文武百官的朝贺。大极殿前树起了绘有乌鸦、日月、四神兽即青龙、朱雀、白虎、玄武（黑色的蛇与龟）图案的幢与幡。来自新罗国的使臣也出席了这场盛典。天皇向国内外显示，自己是统治着不同民族的帝国之王。

同月二十三日，天皇任命了以粟田真人为首的遣唐使。上一次的任命是在天智天皇时代的669年，天武天皇与持统天皇时代，还不曾派出过遣唐使。后面我将提道，这次的遣唐使首次对中国使用了"日本"这一国号。另外，在这次遣唐使的名单的靠后位置，记载有一位赫赫有名的万叶歌人山上忆良[①]的名字。

三月二十一日，对马岛向朝廷进贡黄金，为此，文武天

[①]山上忆良（660—733？），万叶时代现实主义的著名歌人（和歌诗人），百济灭亡时，随家人逃到日本。后来到中国留学两年，回到日本后做过地方官，深受儒家思想影响。代表作《贫穷问答歌》《送遣唐使歌》等。

皇改年号为"大宝"。从大化年间至此时,日本断断续续使用过自己的年号。《大宝律令》中有了与年号相关的条文,年号的使用从此成为一种制度。"大宝"之后,日本一直都使用年号,直到今天的年号平成绵延不断[①]。紧接着,从第二年的七〇二年十月起,《大宝律令》开始全面实施。

《大宝律令》的实施,表明从大化改新开始的半个世纪中,经过不断摸索的中央集权制的国家设计图宣告完成。

日本编撰出体系完整的"律令"法典,这与日本虽然向中国朝贡,却不曾接受中国皇帝册封的事实有着密切的关系。因为"律令"是一部统治藩夷各国的帝国法,接受中国皇帝册封的国家,不可能制定出自己独立的"律令"法典。可以推定,接受了唐朝册封的新罗就不曾编撰过自己的"律令"法典,新罗当时采用的是唐朝的年号。

另外,《大宝律令》是以唐朝的"律令"为蓝本的,却敢于努力显示出自己的特色。比如说,在根据《大宝律令》进行户籍编撰时,规定各个年龄段的不同称呼,而唐朝的律令,还有奈良时代模仿唐朝的《养老律令》,都是将三岁以下的幼儿称为"黄"[②]。日本的《大宝律令》却敢将"黄"变

---

①二〇一九年始启用令和年号——译者注
②黄口小儿之意,"黄口"一词出自《孔子家语》。

更为"绿",这是来源于日本词"みどりこ/緑子"①,力图强化大和特色。

"日本"的国号　　以粟田真人为首的遣唐使团,于大宝二年(七〇二年)六月抵达中国海岸。中国官吏问道:"尔等为何方使者?"遣唐使答道:"日本国之使者。"对中国正式称自己的国家为"日本",这也是第一次使用"日本"这一国号。

此前的几百年间,日本一直沿用"倭国"的国名。对于遣唐使为何将"倭国"改为"日本国",中国的史书记载是"甚是可疑,无法理解"。为什么遣唐使未能对一直和中国保持着外交关系的"倭国"进行一番晓畅的说明呢?

也许在中国官吏的固有观念中,"倭国"作为中国的朝贡国,是无权擅自改变自己的国名的。最后一次以"倭国"的名义向中国派出遣唐使的,是天智天皇的近江朝廷。但近江朝廷却在壬申之乱中灭亡了。将日本"天下新平"的说明与中国的"革命"混为一谈,这种说辞难免会让人觉得有些混乱。

那么,为何要将"倭国"改为"日本"呢?日本的史籍

---

①《万叶集》中就出现过该词,指就像春天树木的嫩芽一样的三岁以下的小孩。

中没有记载其理由。也许，是想积极主动地选定一个包含有"日"字的新国号吧。据推测，随这批遣唐使抵达中国的僧人弁正在唐朝所作的诗，开头便是：

日边瞻日本，云里望云端。

就像这首诗中所吟咏的那样，或许是以"日边"（日出之处）来决定了"日本"的国号吧。再往前追溯大约一百年，遣隋使的国书中有"日出处天子,致书日没处天子"这样的字句；小野妹子再次使隋的国书里有"东方之天皇，敬白西方之皇帝"一句——都对中国宣称自己位于"日出处"，是东方之国，正因如此，才要积极主动地选定以"日"为自己国号的关键字眼吧。

正式定下"日本"这一国号,是在六七四至七〇一年之间，据推测，大约是天武与持统朝。那个时代，尊崇"日"的思想空前高涨。

壬申之乱时，大海人皇子（后来的天武天皇）拂晓时遥拜太阳神天照大神的伊势神宫。这场战乱之后，柿本人麻吕[①]在其所作的和歌中唱道，是从伊势神宫吹来的神风，灭掉了近

[①]柿本人麻吕，万叶时代最著名的"歌人"（和歌诗人），被后世誉为"歌圣"。

江王朝。另外，歌中还将天武天皇与持统天皇最钟爱的草壁皇子歌唱为"日并皇子"，将草壁皇子之子轻皇子（后来的文武天皇）称为"高照日皇子"。

《古事记》与《日本书纪》的神话虽然有许多不同之处，但有一点却出奇的一致。那就是关于"天孙降临"的故事。天照大神之孙琼琼杵尊，从高天原（天上之国），降到"日向国"（后来的九州宫崎县）。天孙琼琼杵尊的孙子"伊波礼比古"（后来的神武天皇）到东方去寻找适于治理天下的地方，从纪伊半岛南部的熊野出发，一路向北，背对着太阳作战，攻下大和地方，在大和三山之一的亩傍山山麓的橿原宫登基，成为日本历史上第一位天皇。

虽然国土狭小，天武天皇与持统天皇朝廷力图建立一个东海之上的帝国，因此才为"日之御子"统治的"日出处之国"定下了"日本"这一国号吧。

另外，虽然将"倭国"改为"日本"，但用大和国的语言来训读的话，都是"やまと"。值得注意的是，"日本"一词的内涵就是"やまと"[①]。

[①] "やまと"，日本岩波书店的辞书《广辞苑》上也写作汉字"山处"，言日本乃多山之国。另外，奈良县自古称"倭国""大和国"，是大和朝廷的核心地区，后来逐渐演变为指日本全国的名词。

另外，还有一点务必注意，在近代以前的东亚，没有一个广义上的"王"不将"国"作为其内核的。"日本"是国名，同时又与"隋""唐""高句丽""百济""新罗"等国一样，也是一个朝代的名称。希望大家注意，"日本"即"大和天皇的王朝"的意思。关于这两点，在本书的《结语》中，还要再一次详细阐述。

律令国家之构想　新罗统一朝鲜半岛三国后，国力急速加强。对于日本而言，既想与之对抗，还要独立于唐朝之外，应该采取何种策略呢？对于面对这个课题的日本古代贵族而言，中国的"律令"法典就像是天上闪闪发光的北极星，是中国千百年统治经验的结晶，以此为鉴，他们这才有幸去编撰一部属于自己的律令法典。

可是，一千多年前庞大秦汉帝国时代的中国社会，与七世纪前后的日本社会有着巨大的差异。中国以血缘为纽带的社会组织早在春秋战国时期（前八世纪到前三世纪）就逐渐解体了。与之相比，当时的日本社会却根植于神话与血缘系谱为纽带的氏族制度之上。日本的律令制定者，以用来统治中国社会的体系完整的律令为蓝本，会构想出一个什么样的国家呢？

第三章　壬申之乱与律令制国家的成立

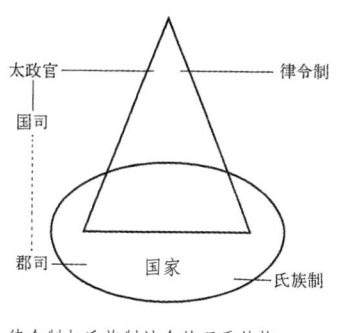

律令制与氏族制社会的双重结构

首先相当于刑法的"律"。日本的律令制定者无法改变那部能与罗马法相匹敌、高度抽象化的中国"律"的体系，同时又考虑到中日两国社会各阶层对立之紧张程度的差异，通常将量刑减轻一两等；但是，如果触犯了有关天皇的禁忌，量刑却反而比《唐律》重。因为日本天皇与许多未开化社会的"王"一样，必须要用各种各样的禁忌来凸显权威。日本的律令国家，充分显示出它是由内部包裹着的"大和王权"的结构而形成的。

"令"相当于广义上的行政法，其以官僚制为基础，包含着大和王权之下的氏族制度的原理。比如审议国政方面重要问题的太政官①手下的议政官。在左大臣、右大臣、大纳言②等人组成的群体中，大和朝廷的大夫（议政官）由京畿

---

① 太政官，律令制度下，统领中央八省与地方国司的最高行政长官。大约相当于我国古代的宰相。
② 大纳言，"纳言"一词出自《尚书》，在天皇与百官之间上传下达，人称"天下喉舌之官"。大纳言下面还有中纳言、少纳言。

一带的豪族代表组成。这个习惯一直被继承下来。

还有,从中央派往地方诸国的长官"国司",按照任期进行交替;"国司"下面还有实际上管理地方的"郡司",他们由地方豪族们来担任,没有任期的规定,而多由"国造"①的家族成员来世袭。

在这样的律令制国家里,中国式的律令制与植根于大和王权的氏族制形成了一个双重结构。如果将其绘成图表的话,就是上页左图的样子。

文字的普及

在律令制国家中,行政命令与报告等是用公文来传达的。律令之中详细规定了各种文书的格式,以及颁布、下发与接收的手续。另外,实施贯彻《大宝律令》的同时,还下发了须在公文之上加盖各级官僚机构印鉴的规定。几年之后,这套公文行政系统就开始运作起来。后来,到了圣武天皇的天平时代(729—749),无论是从中央到地方,还是从地方到中央,下发上传的公文数量都十分庞大。

比如,七三三年(天平五年)十月,从出云国(今岛根

---

① "国造",古代世袭的地方官,管辖着一个郡,大化改新之后多数改称为"郡司"。后来这种世袭的官员只参加祭祀,而与行政权力无关。

县东部)出发前往京师奈良的"国司",所携带的公文竟然达到了"四十五卷六纸"(将许多纸张粘连起来再加上轴,称为一卷,一份较短而不加轴的公文称为一纸)。在两个月前的八月出发的"国司",所携带的与税收相关的公文,包括"大账"两卷,还有附属文书"十八卷三纸"。

两卷"大账"记录了纳税者与非纳税者的统计名单及其详细内容,另外还有一卷揭发逃税者的"括出账"、一卷记录逃亡他乡已长达六年者的"逃亡满六年账"、一卷记录奴婢的占有者发生变更的"割付奴婢账"、一卷父母逝世而服丧者免除徭役的"遭服人账"、一卷对有年迈者或残疾人的家庭减轻税收的"高年及残疾以上账"等,这些由地方长官制成的文书,是上报有关税收的令人吃惊的详细报告。另外还有许多记录不同门类的文书,如"干菜账""鸡账""种马账"等,仅从名字看就颇为有趣。

公文不单能写在纸上,也有写在木简上的,纸张与木简同时使用。木简记载的多为"召唤文""宿直札",还有申请发放食物的"请求文书"等,这些文书大多与人或物的流通有关。另外还有关于物资出纳的备忘录。也有将这些木简文书整理成纸质文书的例子。作为记录物资的发出人与收件人、物资种类与数量的文书,木简比耐不住风吹雨打的纸质文书更合适，因此，木简作为记录"调"与"庸"，以及"贽"（向朝廷敬献的海产品）的载体而得到大量而广泛的使用。

已经用过的木简会被遗弃，但木简耐潮，在低洼潮湿的地方也不易腐烂。包括藤原京与平城京在内的全国各地（主要是官衙遗址）出土了大量木简。其中有本书第五卷要谈到的，从长屋王的邸宅遗址出土的几万枚木简，它们生动地向后人讲述着长屋王及其家族的日常生活的方方面面。

在古代，纸张价格高昂，十分贵重，而木板经过刮削，还可以反复使用，因此多用木板来练习书法。后世出土了大量练习书法而刮下来的木屑。

伦敦的大英图书馆里，藏有让人饶有兴趣的中国敦煌出土的纸质文书。这是孩子们每天以《千字文》为教材，练习写字的纸张，后面还附有先生写下的表扬。而日本官员的孩子们，大概是用木板来练习书法吧。

日本古代采用的是文书行政体系的律令制。律令制的建立，成为日本社会普及文字的重要契机。人们普遍认为，在人类历史上，文字的出现具有让社会成员的意识多样化、个别化的功能。文字的普及会给这个岛国的社会形态带来什么样的变化呢？

第三章 壬申之乱与律令制国家的成立

藤原氏得势

关于日本的律令官制的特质之一，可以举出神祇官与太政官并立于朝廷的例子。日本的太政官相当于唐朝的尚书省，将主管祭祀的"祠部"置于其下。古代日本的律令制定者虽然明明知道这一点，但却敢于将神祇官从太政官的管辖之下分割出来，尽管神祇官的官署规模很小，但却达到了让神祇官与太政官的地位完全相当的目的。

还有，由于太政官与神祇官的分离，作为世俗权力机构首脑的太政官从自古以来的众神的诅咒中解放了出来，执政变得轻便简单了许多。

主导着太政官职位的藤原氏从专司祭祀的中臣氏中分离出来，这正与太政官和神祇官分离相对应。中臣氏是大和朝廷历代主持祭祀的氏族，"中臣"这个氏名，意为居于神与人之间。中臣氏中的一员中臣镰足，临死之前在床箦上得到天智天皇赐予的氏名"藤原"。"藤原"这一氏名，不光由他的儿子藤原不比等[①]继承，中臣镰足堂兄弟的孩子们也都继承了下来。

---

①藤原不比等（659—720），右大臣，光明皇后之父。参加制定《大宝律令》，指导制定《养老律令》，对古代日本律令制的确立做出巨大贡献，奠定了藤原氏一族兴盛的基础。

可是，到了临近实施《大宝律令》的六九八年（文武天皇二年），天皇一道诏书传达下来，"藤原"这一氏名只让藤原不比等及其子孙们继承，而专司神事的意美麻吕等人又恢复了"中臣"的氏名。这可能是天皇接受了藤原不比等的个人意愿。

藤原不比等的长男武志麻吕当时只有十九岁，三年之后才作为"内舍人"开始了仕途生涯。按照惯例，高级贵族的子弟们会成为天皇身边的近侍"内舍人"。还有，这时在朝廷上自称"藤原"的只有不比等一人。可以说，这是他宣告与主持祭祀的中臣氏决裂,迈上律令制官僚新路的标志。这一年，藤原不比等四十岁，正值年富力强的好年华。

藤原氏就这样诞生了，在日本历史上他们这一家族与天皇家一道,发挥了重要作用。后来的武家头领平氏与源氏（足利氏和德川氏也出自源氏）与天皇家子孙的血脉绵延的系谱不同。有神话说，藤原氏是守护着从"高天原"下凡的琼琼杵尊的"天儿屋根神"后裔。由天皇与藤原氏家的女性生下的皇子继承皇位，也是从藤原不比等开始的。

第四章 奈良之都与大佛开光

右为圣武天皇的御笔真迹《宸翰杂集》局部，左为光明皇后的御笔真迹《乐毅论》局部。二者均为正仓院博物馆国宝级藏品

1. 新的宫殿都城与空间

女帝再度登场　持统太上天皇将皇位禅让给孙子文武天皇，并成为他的后盾，《大宝律令》开始实施后的大宝二年十二月（七〇三年一月），持统撒手人寰。文武朝努力建设律令制国家，但七〇七年六月文武天皇就驾崩了，时年二十五岁。这时，文武天皇与藤原不比等的女儿宫子生下的首皇子只有七岁。

文武天皇去世后第二个月，文武天皇之母阿閇皇女（天智天皇之女，草壁皇子之妃）即位，号元明天皇。在天武天皇与天智天皇的子孙中，尽管有许多可以继承皇位的候选人，但母亲从儿子手中继承皇位，却是一件没有先例的异常之举。据推测，元明天皇之所以选择了继承皇位，是期待着孙子首皇子（后来的圣武天皇）长大成人，然后再将皇位移交给他。这也是首皇子的外祖父（其母阿閇皇女之父）藤原不比等的

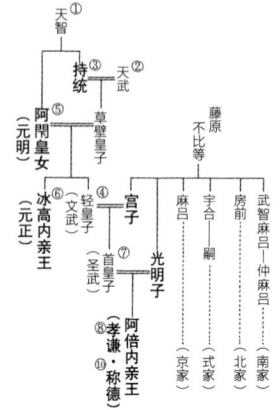

皇室与藤原氏关系图。序号为即位顺序，粗体字为女性。

意愿吧。

有关这一异常事态，元明天皇即位的"宣命"（传达天皇之命令，用大和国之语言写成）中强调，自己是依照由天智天皇亲手立下并赐予的有关皇位继承的大法，"与天地共长，与日月共远，此乃永世不得更改之常典"（不改常典）而继承大统的。

关于天智天皇立下的"不改常典之法"，学术界出现了相互对立的说法，至今尚无定论。有人认为该法是以皇位只传给天皇子孙的皇统原则为前提；有人认为皇位继承的决定（禅让），不以朝臣的推荐为条件，权力在于天皇（或者皇族），这种见解很可能是强调"皇统与皇位的绝对性"。

说这样的大法是由天智天皇制定的,"乙巳之变"(大化改新)的故事,不就是以此为背景的吗?中大兄皇子(后来的天智天皇)举刀砍向苏我入鹿时,皇极女帝问道:"尔等作甚?"中大兄皇子答道:"入鹿想灭掉皇族,登上宝座。难道非皇族成员的入鹿可以觊觎皇位吗?"将苏我入鹿杀掉了。紧接着,两天之后,皇极天皇将皇位让给了轻皇子(孝德天皇)。这是一件打破大和王权传统惯例的划时代事件。之前是在大王去世后,由朝廷中的群臣推荐,拥立新的大王。

"乙巳之变"的故事多大程度可以视作史实,我们不得而知。虽然"皇统与皇位的绝对性"之法体现了王权的主张,但现实中却要受到朝中贵族意愿的制约,历史上也有与贵族们协商解决的例子。可是,王权须超越贵族阶层的这一根本法则,是由中大兄皇子与中臣镰足创立的——或许这只是一种假托,以此来纪念他们二人。希望读者们注意到这一点。

天智天皇之女元明天皇甫登基,便抛出了天智天皇制定的"不改常典之法",这表明元明天皇对天智朝治世之功的态度发生了根本改变,由天武、持统天皇时代的否定转变为肯定。与此同时,被视为天皇心腹的中臣镰足之子藤原不比等开始崭露头角。

与此同时,强烈主张日本独立性的天武与持统朝的政策

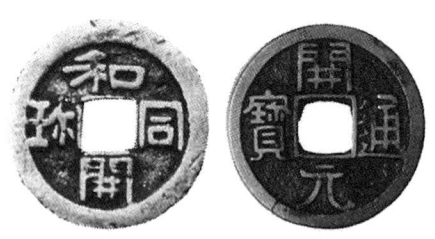

左为日本"和同开珎",右为唐朝"开元通宝"

基调也逐渐发生了变化。

平城京与和同开珎

元明女帝即位的第二年,即七〇八年,武藏国向朝廷献上天然铜(和铜),以此为契机,日本改元为"和铜"。又过了一年,开始了货币铸造与国都建设,这就是象征着律令制国家的"和同开珎"与"平城京"。

平城京是以贯通大和盆地的南北向中央道路为中轴线规划而成的,更有木津川带来的水运之便,东北西三面群山环抱,南面通向平缓的倾斜地。这正合乎"天子南面"(天子居北,南面臣下)的中国思想。此前建于南面不远处的藤原京是依照中国古典《周礼》中天子之都的理想形态而建造的,而平城京则以唐朝的长安城为蓝本,与藤原京有着明显的差异。希望大家注意到这一点。大宝年间(701—704)的遣唐使们亲眼见到了唐朝的长安城,平城京想来是以他们带回的信息为参考而建造的。

日本铸造货币的源头,可以追溯到天武天皇和持统天皇时代,天武天皇时代的"富本"钱和元明天皇时代的"和同开珎"在性质上却大不相同。"富本"钱的铸造虽然以唐朝的"开元通宝"为参照,却强烈地体现出了日本特色(请参看84-85页)。而"和同开珎"是完全按照"开元通宝"的风格来铸造的。

藤原京与"富本"钱都是强烈宣扬日本独立性的产物,平城京与"和同开珎"则体现出希望靠近唐朝的意识。

未婚女帝登场 元明天皇眼巴巴地盼望着孙子首皇子长大成人,到了七一四年(和铜七年)皇子十四岁时,为他举行了"元服仪式",同时宣布将他立为皇太子。第二年的元旦之日,皇太子第一次身着礼服出席了朝贺仪式。

可就在这一年的九月,元明天皇却突然将皇位让给了女儿 冰高内亲王[①]。让位的"宣命"写道:

---

①内亲王即公主之意。

> 身居皇位长达九年，无一日能得心安，朕早已疲惫不堪。虽欲将皇位让于太子，然念及太子年齿幼稚，故决意让位于冰高内亲王。

元明天皇声称让位于女儿的理由是皇太子"年齿幼稚"，可是首皇子已经举行过成人典礼了，此刻的他与父亲文武天皇即位时的年龄一样，都是十五岁。也许是因为首皇子体弱多病，出于健康因素考虑，可是朝中弥漫着"不允许首皇子即位"的气氛也不容忽视。

元明天皇决定，在孙子首皇子成熟之前，选择女儿冰高内亲王作为过渡人，即"元正天皇"（见106页谱系图）。当时，元明天皇曾对元正天皇反复叮嘱，要按照天智天皇立下的"不改常典之法"（特别是有关皇位继承的决定权部分），将来要确确实实地将皇位传给首皇子。

在此之前，所有女帝都是天皇之妻（或是预定下来的皇位继承人）。这次由未婚女性（元正天皇）登基，是一件史无先例的大事。在她临近即位之时，出现了一只小龟，由于小龟双目赤红，十分珍稀，便被视为"祥瑞"，改年号为"灵龟"。所谓"祥瑞"，据说是天子施行德政时，天上会出现的吉祥之瑞兆。这是从中国学来的思想。第二年，藤原不比等的女儿安宿媛（光明子）被立为皇太子首皇子之妃。

朝中太政官手下的议政官们相继去世，只剩下右大臣藤原不比等和中纳言等三位。藤原不比等巧妙地捕捉到这个机会，将自己的二儿子藤原房前提拔为议政官，大和朝廷议政官必须从具有实力的氏族中推选产生的传统被打破，此后又有藤原不比等的四个儿子先后成为议政官。

律令将贵族的继承方式，从之前的"氏族"变为以父子关系为基础的"荫位制"（父亲的位阶可由子孙继承的制度）。在"氏族"中，包含旁系亲属在内的代表人物，作为一族之长到朝中任职。在律令的"荫位制"之下，子辈们也可凭自己的能力晋升到更高的地位。藤原不比等的四个儿子，利用律令的新制度，都荣升为三品以上的高官，他们都拥有各自的公家性质的"家"（略低于官衙的贵族家政机关），成为藤原氏的南家、北家、式家、京家的源头，日本社会开始了由"氏族"到"家"的旷日持久的演变过程。

藤原不比等执掌大权的八世纪前半叶（和铜至养老年间），按照律令官僚制与公文而运行的行政体系逐渐成型。另外，律令制还逐步扩展到边疆地区。朝廷一面用武力镇压东北虾夷人、西南隼人的抵抗，一面在这些地区设置了新的国、郡。

平城京复原模型。中央最北端为平城宫,朱雀大道贯通南北,从南可一直远望道路北端。模型归奈良市所有

新的空间

三世纪曾经访问过倭国的中国曹魏使者在提交的报告中称,"(日本的)道路如禽鹿之径",意为禽兽所走的道路。七世纪初的推古天皇朝代,大概以与隋朝的外交往来为契机,日本列岛上首次出现直线大道。大和盆地之上,贯通东西与南北的大道开始兴起。

在新的平城京,从皇宫正门朱雀门到京城南端的罗城门,开辟了一条朱雀大道。大道宽 90 米,长约 3700 米。与其说这是一条大路,不如说是一个广场。

朱雀门前的大道,也是举行重要仪式的场所。是律令制国家修建的最大广场，但不是作为市民集会的圆形或者方形的广场。从天皇的宫城正门向南一直延伸的大道，是"南面听天下"[①]的天子举行仪礼的场所，充分体现了律令制国家的性质。

平城京中，有从藤原京搬过来的大寺院、达官贵人的邸宅等宏大建筑，还有庶民的居住区。宽阔的大道贯通东西南北，就像是围棋的棋盘一样井然有序。道路的两边是连绵不绝的高墙，形成一个特殊的空间。

就像罗马帝国的道路所代表的寓意一样，古代国家出现后，都会让交通面貌焕然一新。日本也是如此，律令制建立之后，连接平城京与地方行省的国府（各国的官衙）、郡家（国之下的郡政府的府衙）的道路大力兴建。这些道路以直道居多，看上去与多山的地形不太协调。在平城京，宽阔的道路直线相交，由京城为起点直线道路通往各地，方格形状的"条里制地域"[②]沿京城道路展开，律令制国家在日本列岛上催生出崭新的空间。

---

①此语出自《易经》"圣人南面而听天下"。
②"条里制"，在我国也叫"条坊制""里坊制"，是古代城乡的规划与管理制度。"街坊邻里"一词由此而来。每一个"里"的边长大约为500米，这就是我国距离单位"里"的来源。

2. 圣武天皇与光明皇后

行基的佛教集团　在平城京这个人工开辟出来的崭新空间里，出现了一个从未见过的特殊集团，这就是僧人行基周围聚集起来的人群，他们开始了不同寻常的行动。

日本的律令中，专门列了一个叫作《僧尼令》的篇章，对僧尼的行动加以规范与制约。僧尼不得擅自走出寺院布教、"乞食"（僧托钵，乞食而行），出寺院布教、乞食必须事先得到许可，并且只能在上午行乞等。可是，行基和他的弟子们不仅群集于街巷，据说他们还妄自宣传"罪福报应"之说，组织党徒，燃指为灯，剥手臂之皮肤抄写经文；走街串户，宣扬邪教，讨要食物以外的物品，诈称圣道，迷惑民众。这场行动的所谓中心人物行基，到底是何许人也？

行基于六六八年（天智元年）生于河内国大鸟郡（现大

阪府堺市），其父母亲的家族都是来自朝鲜半岛的外来移民。他十五岁出家，大约三十七岁那年，将母亲出生之地改成"家原寺"，开始了布教活动。不久，因平城京建设大兴土木，许多劳工、脚夫等从地方各国被征发而来。行基在畿内的交通要道之上开始设立"布施屋"（宿舍），为劳工与脚夫提供帮助。大概当中有一些人被行基这种不可思议的魅力所吸引，不愿再返回家乡，而选择追随行基。那些被强行从家乡征发而来，与故乡的村庄和家庭成员切断了联系的人们，便聚集在平安京。不久，行基还开始出没于平城京周边，渐渐地俘获了周边的劳工与脚夫。很快，仰慕行基、追随他而来的发展到上千人。

行基将追随者集结起来，在得到地方掌权者的布施与配合下，架桥修路，建设港口，设立布施屋等，还不断推进水池、沟渠、竹筒输水管、灌溉渠等水利设施的建设。

佛教本来就是超越氏族社会的框架，在不同民族中间流传的一种世界性的宗教。行基大量建造桥梁、道路、港口等交通设施，这与佛教的性质有密切关联。

行基这位具有超乎常人资质的僧侣，依靠个人的意志，让那些脱离了乡土共同体的人们归附自己，团结起来，形成了新的集团。这绝非单纯的聚集群众。行基的集团并不以村、国、氏族这些既存的共同体为单位，而是日本列岛历史上最早的信仰集团。平城京这个律令制催生的特异空间，成了滋生以个人为单位的信仰集团的胚胎。

个人道德的萌芽　　前面已经说过，行基的弟子们妄自宣扬"罪福报应"之说，这种学说相当于别的史料中所说的"罪福因果"。据推测，这似乎就是"轮回转世"之说的一种。

在日本古代的佛教故事集《日本灵异记》中有这样一则故事。行基在难波港的码头召集众人举行法会，有个男子不会走路，还哭闹着要吮吸母亲的乳汁。行基命令将这个男子扔进河中水最深的地方去。听众们都感到迷惑不解："慈悲为怀的圣人，怎么能干出这样的事来？"那位母亲也不忍心将儿子抛进深水之中。行基强烈斥责道："因为你前世借过他的东西，尚未归还。所以他投胎转世成了你的孩子，吮吸你的乳汁来抵销未偿还的债务。"

这样的故事是我们现代人无论如何也无法接受的。可是生活在当今的我们，不应该依照现代的伦理观和思维方式去审视过去发生的事情，否则就无法把握过去事件（包括故事传说）的意义了。

在《日本灵异记》中，有几个特别引人注意的故事，某位僧人因为自己的"德行"（合乎道德的行为），投胎转世成了桓武天皇的皇子，还有一位僧人因为自己的"净行"（洁净的行为）而转世为嵯峨天皇。这些故事都属于轮回转世说的一种。行基对其弟子们宣讲的"罪福报应"的教诲中，很可能就包含这种轮回转世的相关内容。

在行基的布教活动中，还可以看到燃指为灯、剥手臂之皮肤抄写经文这般具有浓厚咒术性质的传说。可是，我们必须置身于当时社会的习俗与信仰中去看待行基的行为。此前，大家认为"个人"犯下的罪恶引起的灾祸，可以由"村庄"和"国"等共同体举行祓禊来消除，让灾祸从小河流向大海，众人都被共同体的习俗所吞没。而行基认为"个人"行为的善恶，会将善恶之"果"带给"个人"。行基的布教学说中，具有宣扬"个人道德"的一个重要方面，这一点是不容忽视的。

佛教在其他国家传播的时候，分成了两个主要方面。一个是佛教镇护"国家"（主要是王室）的"镇护国家"的思想；另一个是"因果报应"的教诲（与过去的善恶行为相呼应，现在产生的幸与不幸，以及现在的行为会给将来带来的果报），这与轮回转世的教诲密切相关。在中国西部的吐蕃（西藏），便可见到上述的这两个要素。而在日本，过去人们都一直注重"镇护国家"的一面，但我希望读者注意"因果报应"教诲的历史意义。善恶因果的教诲宣扬，不应该依靠刑法，而要靠对个人内心的诉求，才能引导众生。

圣武天皇即位

在平城京的大街小巷里，当追随行基的民众集团在四处出没的时候，平城京的大规模改建工程正在进行之中。宫城内那些从藤原京迁移而来的大部分古旧建筑，都不适合作为新天皇登基的宫城。所谓新天皇，不用说，指的就是元明天皇与元正天皇期待已久的皇太子首皇子。

此时的藤原不比等正埋头于《大宝律令》的修订。在中国有每当新皇帝登基便要公布新律令的传统。因此，为了迎接首皇子的登基，自然要着手修订《大宝律令》。其间还夹有作为过渡人物的两代女皇，这是她们天天期盼着的皇子即位。新的律令即《养老律令》，继承了《大宝律令》的整体框架，但又积极采用了唐朝律令的用语，按照中国风格进行了修订。前面已经说过，藤原京的城市规划和《大宝律令》，敢于展示与中国不同的特色，但《养老律令》与平城京一样，都是以唐朝为范式，并努力去靠近唐朝风格。

七二〇年（养老四年），藤原不比等未能亲眼见证首皇子的登基大典，便溘然长逝，享年六十二岁。这样一来，天武天皇的皇子们纷纷得到重要职位，走马上任，高市皇子之子长屋王荣升为右大臣，皇亲势力掌握着政权。还有，藤原不比等的四个儿子也都顺利加官晋爵。

在藤原不比等之死引来的局势变动之中，七二一年（养老五年），元明太上天皇去世。对于失去母亲的元正天皇而言，她应该如何平安顺利地将皇位让给正处于风口浪尖的首皇子呢？就在这个节骨眼上，一只十分罕见的"龟"出现了。七二三年（养老七年），有人献上一只双目赤红的小白龟。元正天皇让臣下查阅中国有关"祥瑞"的典籍，得到的说辞是："王者之德流润。"因此便借着天赐之物的好时机，于第二年的七二四年，让位于首皇子。也许，与此正相反吧，为了让位，才精心导演了这一出珍稀之龟现身于世的戏剧。

在频繁改朝换代的中国，对"祥瑞"充满了强烈的戒备之心，但在日本却被当权者公然在政治上加以利用。这是地地道道的不信"天命"（上天之命令）吧。日本还将"黄金""和铜"等在中国从未被当成祥瑞的物品也宣扬为祥瑞。让祥瑞出现的主体，与其说是中国式的"天"，毋宁说是出于伊势神宫和历代天皇之灵、天之神、国之神等。在奈良时代后期，又加上了佛与菩萨。对什么样的思想与信仰才能支撑天皇的权威，日本进行了各式各样的摸索，其内容也在不断变化。

光明子迈向皇后之路　　圣武天皇二十四岁即位之日，长屋王晋升为左大臣。长屋王之父就是活跃于壬申之乱中的高市皇子（天武天皇的长子），母亲是元明天皇之姐，妻子吉备内亲王是文武天皇与元正天皇的姐妹。父亲高市皇子死时，朝中曾进行过有关下一位太阳神（天照大神）之子嗣的商议。看来，草壁皇子去世时，高市皇子位居天照大神子嗣的地位。作为高市皇子之子，其母亲与妻子均拥有皇家血统的长屋王，是强有力的皇位继承候选人之一。

圣武天皇即位后三年，即七二七年（神龟四年），圣武天皇与夫人光明子（安宿媛，藤原不比等之女）拥有了他们的第一位皇子，一个月后这位皇子被立为皇太子。将刚刚出生的婴儿立为太子，这是史无前例的异常之举。

可是，这位承载着藤原氏巨大希望的皇子，第二年就夭折了。更有甚者，圣武天皇的另一位妻子县犬养广刀自这一年也生下了一位皇子。藤原氏感到形势紧迫，便选择了确保光明子成为皇后的道路。

皇后不单是天皇的正妻，还拥有仅次于皇太子的执政权。当天皇驾崩，围绕着皇位而发生争论时，皇后往往会作为过渡人选而登上天皇宝座,力图收拾残局,这是有先例可循的,如推古天皇、皇极天皇(齐明天皇)、持统天皇等,不胜枚举。身体羸弱的圣武天皇万一发生不测,将皇后光明子推上皇位,维持权力的可能性依然存在。但

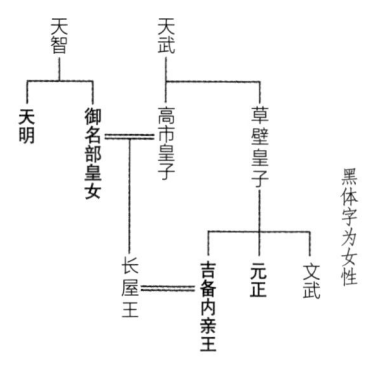

长屋王周边的人物关系

是,根据惯例皇后要从皇女之中挑选。因为皇后本身贵为皇女,便能够拥有执政权。律令的规定要以这一点为前提。

将非皇族的藤原氏出身的光明子强行立为皇后,左大臣长屋王等皇族派想必不会默不作声,于是一场灭掉长屋王的阴谋便悄悄开始了。

七二九年(神龟六年)二月十日,有人告密:"长屋王学左道(邪道),图谋倾覆国家。"是夜,藤原宇合(光明子之兄)等人率士兵包围了长屋王的邸宅。第二天开始了对长屋王的审问。又过了一天,长屋王和妻子吉备内亲王,还有他们的皇子们都被迫自杀。后来,官方编撰的史书《续日本书纪》上,明确记载长屋王是清白无辜的。

事后又过了半年,藤原麻吕(光明子之兄)将一只背上有"天王贵,平知百年"吉祥珍奇字样的龟敬献给朝廷。又一只神龟出现了。于是,圣武天皇从龟背上的这句话中取两个字将年号改为"天平"。五天之后,颁布立光明子为皇后的诏书:

> 朕即位已逾六年,迄今尚未立后。此乃因皇后之位关系重大,须慎重选择。再则,非皇族之女性立后,亦非毫无先例。仁德天皇之皇后乃葛城氏出身也。

一番仔细搜寻后,终于在史书中找到先例,当时皇后制度尚未建立,只能依靠远古传承为证。奈良时代的"宣命"(诏命)当中,如此煞费苦心地进行辩解的,实属罕见。

3. 大佛开光

内外局势高度紧张　　在东亚，渤海国与唐朝和新罗的对立，引发了军事上的高度紧张。所谓渤海国，是由灭亡之后的高句丽遗民与其统治下的靺鞨人一起，为了脱离唐朝的控制，在唐朝东北建立起来的国家。紧张局势中，渤海国向日本派出了使者。

当时的平城京，盗贼与强盗猖獗，还有人在京城东面的山麓聚集，妖言惑众。据说，聚在一起的有时甚至多达一万人，少则也有数千人。据推测，平城京当地登记在籍的人口大约有十万，东郊山麓聚集的庞大人数实在让人吃惊。聚众带头者虽然没有留下姓名，但恐怕妖言惑众的罪魁祸首就是行基。

从七三〇年（天平二年）开始的两年间，太政官手下的议政官们相继去世，于是便将各省、司的高级官员招进大内皇宫，让他们推荐议政官，这在史上从未有过。

官员们为推荐议政官而聚于朝堂之上的那一天，朝廷颁布了一道诏书："跟从行基法师之修行者中，凡男子六十一岁以上，女子五十五岁以上，可出家。"过去被蔑称为"小僧行基"，被改称为"行基法师"，这让人感到政策发生了微妙的转变，由对行基集团的一味打压，转变为逐步将他们纳入统治者的体制之中来。这与让官员们推荐议政官一样，二者是一脉相通的。

七三一年冬天，设立了管理国内治安与对付国外危机的特别武官"惣管镇抚使"（总管镇抚使），第二年的七三二年（天平四年），又设置了对付新罗威胁的特别武官"节度使"。

这一年，渤海国与唐王朝的战争开始了，新罗奉唐朝的命令，出兵渤海国。

天花大流行与叛乱

七三五年（天平七年）春，来到日本的新罗使者告知日方,已经将国号改为"王城国"。日本指责对方擅自改变国号，将使者打发了回去，日本与新罗的关系急速恶化。这年夏天，大约经新罗传到九州的天花开始流行。

第二年，接着又是第三年，谷物生产连续受灾。日本派往新罗的大使病故于回国途中的对马岛，遣新罗副使也患了病,大概也是患上了天花。根据使者的归国报告,新罗对日本使节没有以外交礼遇相迎,简直不把人放在眼里。

到了天平九年三月,朝廷命令各国建造释迦三尊佛,抄写《大般若经》,希望"调伏"(以佛的力量灭掉)新罗,并期待着出现镇住天花与谷物受灾减产的咒术之力。这时,自九州筑紫国开始一路东进的天花疫情已经侵入平城京,从贵族到平民百姓,无一幸免,死者不计其数。疫情肆虐,从四月到八月的四个月里,身为议政官执掌大权的藤原氏四兄弟,即藤原武智麻吕、藤原房前、藤原宇合、藤原麻吕都先后因患上天花而亡故。

九月,以铃鹿王橘诸兄为首的新政权开始发力。在中国留学长达十八年左右,归国的僧侣玄昉与吉备真备,也以顾问的身份加入了执掌政权的集团。他们以自己渊博的学识,逐渐加强了发言权。

对于左迁到九州大宰府的藤原广嗣(藤原宇合之子)来说,玄昉与吉备真备突然得到朝廷重用,可不是什么好事。眼下接连不断的天灾地祸,不就是由于他们二人多嘴多舌招来的吗?还有军团的士兵们不再苦练武艺,兵器与牛马可以自由买卖,政府最近的这一系列政策,对于以防卫为主要职责的大宰府的负责人来说,简直是无法容忍。藤原广嗣指责政府政策,向天皇献上奏章:"须除掉两位扰乱朝纲之人(玄䢴与吉备真备）"。七四〇年（天平十二年秋），藤原广嗣在九州发动了叛乱。

朝廷立即任命大野东人为大将军，从诸国抽调一万七千大军派往九州。

可是，就在战斗激烈进行的时候，圣武天皇却在发出一道敕命之后，自己前往伊势国去了。

> 朕有所思忖，移驾暂往关东（不破关、铃鹿关等三关以东）。虽此刻不宜出行，此行乃不得已而为之也。望将军们万勿惊慌。

虽说让将军们"万勿惊慌"，正在九州浴血奋战的将军们一定会如堕五里雾中吧。圣武天皇心中究竟作何盘算？

藤原广嗣战败，企图乘船逃往济州岛，却偏偏遇上逆风，将他的船又吹了回来。藤原广嗣只好束手就擒，不久被斩首。曾向九州的宇佐八幡神祈祷胜利的朝廷，后来向八幡神敬献了三重塔与金字佛典。

创建国分寺之诏　　圣武天皇为何在关键时刻离开京师？此乃千古之谜。可是在伊势国就得到了平定叛乱捷报的天皇，并未立即返回平城京，而是经美浓国与近江国，到了山背国的相乐郡恭仁乡（现京都府相乐郡）停留下来，下令在此建设都城，准备迁都。这就是恭仁京。

第二年的七四一年（天平十三年）正月，在恭仁京举行朝贺仪式。三月，下达了修筑国分寺的诏书，命令各国都要建立七重塔，抄写《金光明最胜王经》与《法华经》，并将僧寺与尼寺

京畿之内宫殿与首都所在地图

分开，将僧寺命名为"金光明四天王护国之寺"，尼寺命名为"法华灭罪之寺"。

诏书引用了《金光明最胜王经》中的一节：

> 倘若全国恭敬此经（《金光明最胜王经》），有大王虔诚讲读，广为流布，我等四天王将时常前来护佑，除癒一切灾祸与疫病。心中愿望定能实现，永世降生欢乐。

诏书中引用《金光明最胜王经》中的这一节，充分说明了建立国分寺的主旨。在全国建立统一寺名的寺院，这在

唐朝的武则天时代也曾有过先例[①]。在《光明皇后传》中有记载："东大寺与国分寺之创建，乃光明皇后对圣武天皇劝说之结果。"将僧寺与尼寺分开来，似乎也是光明皇后的创意。

以下的话题似乎离题太远。笔者无力论述字迹与个人性格的关系，但是，若将正仓院中流传至今的圣武天皇与光明皇后的墨宝（本章篇章页）进行比较，读者会浮现出什么样的联想呢？

铸造卢舍那佛

七四二年（天平十四年），恭仁京的营造尚未完工之时，圣武天皇又在其东北的近江国甲贺郡建起了紫香乐宫，并不断行幸。

第二年，即七四三年（天平十五年）自七月开始的四个月里，圣武天皇居住在紫香乐宫，在此期间又下发了铸造卢舍那佛的诏命：

[①]武则天欲称帝，僧法明等撰《大云经》四卷，说她是弥勒佛化身下凡，当为天下之主，武后下令两京诸州各置大云寺一所，藏《大云经》，命僧人讲解，并将佛教的地位提升在道教之上。

> 夫朕揽天下之财富，得天下之大势，故得造此尊佛之像。事易成，而心难至也。

接着，又号召广大民众都来参与大佛铸造的大事业：

> 望民众皆能携来一草一土助造佛像。

相传，三年前圣武天皇在行幸难波的途中，曾顺道去河内国大县郡的知识寺礼拜了卢舍那佛。这件事就成了他铸造巨大的卢舍那佛像的动机。

"知识寺"中的"知识"一词，意为为了与佛"结缘"，众人齐心协力献出田产、财物、劳力，来建寺院、造佛像、抄写经文等。圣武天皇被这种热情所倾倒，为了建造大佛，他号召民众组成"知识结"。可是，所谓的"知识结"本来是一种由相互平等的成员们缔结的关系，由拥有天下财富与大势的天皇发布诏书来缔结，终究是一种幻想。可是，行基竟然成了这个幻想的俘虏，他率领弟子们主动投身其中，两年后，他被任命为"大僧正"[①]。

[①]大僧正，行基是日本史上第一位被任命的大僧正，地位仅次于大纳言。如今，大僧正是日本佛教各个宗派的最高职位。

颁布铸造大佛诏书的同年,还公布了《垦田永年私财法》。日本律令中的土地制度十分死板,《垦田永年私财法》对其僵硬部分进行了修正,使土地制度更富有灵活性。即日起人民自发开垦的土地都可以登记在册是修正的主要内容,当朝对田地的管控体制更加深化。为了开垦由于天花大肆流行而被荒废的田地,《垦田永年私财法》点燃了人们开垦土地的欲望,成为水田总面积扩大的重要契机。铸造大佛的诏书也是如此,它冲击到每一个人的信仰之心,是策划营造国家规模的知识寺的动员令。

到了第二年的七四四年(天平十六年),圣武天皇突然表示又要迁都难波宫。他不顾官员和市井民众的意愿,行幸难波宫。可是过了不久,又行幸紫香乐宫。这一年的十一月,圣武天皇在紫香乐宫亲自动手,与众人一道拉动绳索,树起了卢舍那佛的骨柱。

七四五年(天平十七年)正月元日,紫香乐宫的宫门前竖起一排"盾与枪",表明这里才是首都。可是,从夏季前后开始,紫香乐宫周围接连发生多起莫名其妙的火灾,还不断发生地震,如同对紫香乐宫日积月累的不满情绪的喷发。这次,天皇没有亲自出面,而是由太政官召集各司官员,询问大家应当定都何处,全体官员一致回答:"平城(奈良)。"于是,就在地震日夜不停之时，圣武天皇朝着平城京启程了。天皇跨过木津川的泉桥时，人群远远望见天皇的轿舆，纷纷山呼万岁。

经过五年的长期彷徨，五月十一日，天皇终于回到平城京。紫香乐宫变得空无一人，盗贼横行，大火持续燃烧。八月，在平城京东面，重新开始了卢舍那佛的铸造工程。

发现黄金　　卢舍那佛的佛体铸造，从七四七年（天平十九年）起直到七四九年（天平胜宝元年），历经三年时间，总计施工八次，终于将佛像铸造完毕。可是，就在佛体接近完工之时，朝廷突然发现为大佛镀的黄金远远不够。所谓金铜佛像，是在铜铸的佛像之上镀上一层黄金。但为了给高达十六米的巨大佛像镀金，需要大量的黄金。大佛铸造即将完工，黄金却严重不足，朝中弥漫着不安的空气。

过去，倭国憧憬着朝鲜各国（特别是新罗），称它们是"金银之国"，因为日本列岛不出产金银。但在天武天皇时代，对马岛上发现了白银，朝廷大喜。可是至此，日本列岛还不曾产出过黄金。国分寺与东大寺的建造，正是为了与新罗和中国对抗，占据着此项计划中心位置的卢舍那佛的镀金工序，难道要求助于新罗与中国吗？满朝君臣该如何感想呢？

就在这个关键时刻，有快马飞报朝廷，从陆奥国产出了黄金。

四月一日，圣武天皇、光明皇后、阿倍内亲王等人，率领朝中高官及其手下行幸东大寺，在卢舍那佛的前殿，"朝北"面对佛像，命人宣读了感激黄金出现的"宣命"。"朝北"，就是天皇作为臣下，对"南面"的绝对至高无上者卢舍那佛表示服从。"宣命"曰：

> 天皇身为三宝之奴，侍奉于佛前。于卢舍那大佛之前宣读大御言，奏请赐教……

过去在天武天皇与持统天皇朝代，天皇就被尊为"神"，圣武天皇却称自己是"三宝之奴"。所谓"三宝"，本来是指"佛、法、僧"，而多指"佛、法"。

此时的天皇不是与"神"融为一体，而是特意与绝对至高无上者"佛"拉开距离，这样一来，反而将天皇朝着绝对化的方向又大大推进了一步。中国的"天子"，是奉绝对至高无上者"天"之命，人间的绝对至高无上者。日本的天皇也是如此，由"三宝之奴"而来了一个华丽转身，成为拥有天下财富与大势的君主。不管圣武天皇的性格如何优柔寡断，这与天皇的个性无关，"天皇制"这种"舞台装置"方式的出发点发生了变化，由神话与血统系谱，发展变化为由佛家与儒家的世界性宗教支撑的"天皇"。

可是，传统天皇的存在方式并不会那么轻易发生改变。不久，圣武天皇出家，移驾药师寺宫。七月二日，阿倍内亲王接受圣武天皇的让位，在大极殿登基，成为孝谦女帝。在这个历史阶段，还没有过天皇以出家为僧的身份继续掌控朝政的现象。

圣武天皇让位的同时，光明皇后也就成了光明皇太后，她的管理机构"皇后宫职"也改组为"紫微中台"，其长官由孝谦女帝的侄子，也就是孝谦兄长的儿子藤原仲麻吕担任。"紫微"，在中国指的是北斗星北面的星座，被视为天帝之座。"紫微中台"是光明皇太后作为新登基的女儿孝谦天皇的后盾，实际上执掌国政的机构。藤原仲麻吕身为"紫微中台"的长官，一手操控着朝中大权。

大佛开光

陆奥国献上黄金后不久，又有从九州的丰前国前来为大佛建造助力的宇佐八幡神，一位女性乘坐着与天皇同是紫色的轿舆，在神官的护卫下来到京城。不久，天皇授予宇佐八幡神一品，"比卖神"①二品的"品位"。所谓"品位"，是授予天皇的皇子、皇女的阶位。

从七五二年（天平胜宝四年）三月十四日起，大佛建造进入了最后冲刺阶段，开始为大佛镀金。又过了一周，圣武太上天皇派人将一封书信送到菩提僧正手中：

> 朕疲惫之至，起居皆不能随心所愿，请大师于四月八日（释迦诞生之日）代朕挥毫为大佛开光。

菩提僧正，生于南印度，曾到过唐朝，十六年前接受遣唐使邀请，来到日本。圣武太上天皇之所以急于举行开光供养仪式，是因为考虑到自己的病情不容乐观，他希望这一仪式大典在他能够出席的期限内举行。

开光供养法会比预定推迟了一天，于四月九日举行。菩提僧正手持毛笔，在毛笔上面连起了缕缕丝线，一直连接到圣武太上天皇、光明皇太后、孝谦女皇，以及参加仪式的文武百官手中。菩提僧正手握毛笔，为大佛点上了眼睛。《华严

---

①比卖神，泛指日本神道中的女神，并非特定的某一女神。

经》讲义之后，献上了日本自古传承下来的歌舞，接着又反复表演中国、朝鲜、东南亚的歌舞。

官方史书《续日本纪》中，以此结尾：

> 自佛法东归，斋会之仪，未曾有如此之盛况也。

第五章 天平人的百态人生

东大寺写经所的写经生高耸双肩、正在高谈阔论的姿态。此画是他的同伴随意所绘。出自《正仓院文书》(正仓院宝藏文物)

1.《贫穷问答歌》的世界

质疑《贫穷问答歌》

> 低矮草庵欲倒塌，
> 散乱稻草权当床。
> 父母上方紧依偎，
> 妻儿御寒挤下方。
> 炉灶无火早冰凉，
> 蒸米甑子结蛛网，
> 如何煮饭早遗忘……
>
> ——山上忆良《万叶集》卷5—892

这是著名的和歌诗人山上忆良的《贫穷问答歌》中的几句。首先，我们看开头的"低矮草庵欲倒塌"。

古代日语词汇中，一般将建筑物称为"や"（屋），此外还有"庵、室、仓、殿"等。竖穴式住房一般都称为"や"（屋）或"庵""室"。"室"是与外部相隔绝的封闭空间。但山上忆良在《贫穷问答歌》中称自己的住所为"庵"，一种非常简陋寒酸的临时住所，在地上挖一个竖穴，然后用木棍与茅草之类的材料搭起来的一个窝棚，四处漏风，简直无法称为"室"。

山上忆良苦吟道，就在这样的窝棚中，有了妻子儿女的男子，依然与父母同居一室。因为没有食物，炉灶中没有生火，蒸米饭的甑子早就结满了蛛网。

可是，笔者心中依然充满疑问，这首著名的长歌到底多大程度体现了奈良时代庶民的生活状况呢？

奈良时代的婚姻　　首先是当时的婚姻形式。一位已婚男子，有了妻儿却与父母同住一个草庵之中，这样情况真的存在吗？即便现实中真有这种情况，难道不是十分特殊的现象吗？

当时的男女结合，首先是男方频繁前往女方住处幽会而开始的"访妻婚"。《万叶集》中有：

　　郎君朝去夕又到，我心思恋长叹息。

春雨霏霏湿衣裤，连下七天都不来？

这首和歌形象而生动地描绘出男子不断前往女方住处幽会的"访妻婚"（又称妻问婚）的情形。本来，日语中的"妻問"一词，就是向女性求爱之意。男女分别住在不同地方，若要经营结婚生活，这种称为"访婚"的方式是最恰当的。可是，"妻问"与"访婚"之间的界限却十分暧昧。这正是日本古代婚姻的特色，因此，"访妻婚"这个词语虽然暧昧模糊，却又蕴含着难于舍弃的魅力。《万叶集》的恋歌当中，某一首和歌究竟是恋人之间的情歌，还是夫妇之间的感情流露，真是难于区别。

日本的这种婚姻方式，使得有关中国牛郎织女传说的七夕歌也常常显示出变化来。因为牛郎与织女的婚姻激怒了天帝，被"天河"分别隔在东西两方，每年只有七月七日之夜才允许他们见面一次。这个传说早就传到了日本，奈良的京城每年要举行盛大的七夕之宴，许多宴会上吟咏的和歌都收入了《万叶集》。可是，关于男方渡过天河，还是女方渡过天河，日本的传说与中国正相反。

唐代诗人有"织女桥边乌鹊起"的诗句，说的是织女将要踏上由飞起来的喜鹊搭建的桥渡过天河①。在中国，就像这首诗中描绘的那样，人们相信是织女踏桥渡过了天河。而与此不同的是，在日本的和歌中描写的是牛郎驾船渡过天河去见织女：

雾笼天河阔，牛郎渡若飞。
舟楫声声闻，夜静更深时。

还有描写织女在天河旁边焦急等候，盼望牛郎尽快到来的作品：

天河渡口处，我心恋情浓。
宽衣又解带，今宵与君逢。

一般来说，中国汉族的婚姻礼仪是女性嫁入男性的家庭。织女前去见牛郎，正是以这样的婚姻礼仪为背景的。万叶时代的人们喜爱来自中国的牛郎织女传说，对原来的情节做了变动，将女方出发到男方去，改成了男方到女的身边去，反

---

①语出自李邕《奉和初春幸太平公主南庄应制》，"织女桥边乌鹊起。仙人楼上凤凰飞。"

映了奈良时代的婚姻习俗。如此看来，日本对牛郎织女这一情节的改编，可说是极其自然的。

从访妻婚到同居婚　　刚结婚时，是男性频频前往女性家中过夜。在庶民之中，访妻婚也只限于新婚后的一段时间之内。一般来说大概是从孩子诞生之后，夫妇双方便会开始同居生活。到那时，夫妇将新建一座"屋"供自己居住，这是当时的习惯。除特殊情况之外，宅基地由夫妻双方共同拥有，而木材等则是从山林原野上获得的。

有古代和歌唱道：

> 吾与阿妹同床寐，两人共枕妻屋内……

歌中将夫妇的新居称为"妻屋"。

> 祥云四起八重垣，娇妻住里面。
> 筑起八重墙垣，八重墙垣多壮观！

这首《古事记》神话中的歌谣，相传是须佐之男命（也叫"素盏呜尊"）与栉名田姬结婚时唱的歌，也许这也是古代豪族结婚典礼上祝贺"妻屋"落成的民谣。歌中的"八重"即"多重"之意，用来形容部族首领的"妻屋"十分宏伟。而庶民的"妻屋"之外也会有墙垣围绕。前来帮忙修筑"妻屋"的人们，完工后一面喝着祝贺的喜酒，一面唱着这首歌。这也许就是古代的结婚典礼吧。

新婚夫妇新建自己的"妻屋"，这是古代的习惯。一般来说，父母与儿子儿媳、兄长嫂子与弟弟弟妹，都需要分开居住。

夫妇同居之时，在男方家附近建起"妻屋"的，称为"夫方居住"，而在妻子家附近建起"妻屋"的，则称为"妻方居住"，哪里建造"妻屋"并无刻板规矩。而部族首领阶层以"夫方居住"为多，从整体数量上来看，"夫方居住"的比重可能会大一些，但却没有史料证明"夫方居住"的普遍性。

可是，在当时的社会里，父系与母系双方的亲族关系错综复杂，"夫方居住"与"妻方居住"并无本质差异。一般来说，"夫"与"妻"都有各自的财产，"夫"与"子"也有各自的财产。儿女均可以继承父母双方的财产。虽然不一定是平均分配，但一般而言，儿女们会对遗产进行分割继承。

古代日语中对亲属的称呼，是按照双方的社会地位而创造出来的。中国则是以父系宗族社会为基本单位：父亲的兄弟叫"伯父""叔父"，母亲的兄弟则称为"舅"；父亲的姐

妹叫"姑",母亲的姐妹叫"姨"。父母双方的亲属区分得十分清楚。日本则与中国语不同,父亲的兄弟叫"おじ",母亲的兄弟也叫"おじ";对父亲的姐妹叫"おば",母亲的姐妹也叫"おば"。两者之间没有区别。

关于亲属称呼,有必要

中国与日本的亲族名称

进一步详细论述,这里姑且省略。奈良时代对亲属的称呼,父系与母系方面、男系与女系方面都没有区别,不仅适用于双方的亲属组织,还扩大到包括旁系亲属在内的整个家族,包括以夫妇与孩子为单位的小家庭。这里只对这一点作些介绍。

《贫穷问答歌》中的虚构成分

直到中年时,山上忆良很可能一直都身在佛门,他被选拔为遣唐使在长安也生活了一段时间,可以看出佛典与中国诗歌对他的和歌创作产生了很深的影响。有学者指出,从这首《贫穷问答歌》来看,他老早就深受唐诗,特别是唐代流行的诗僧王梵志诗歌的影响。

王梵志是一位游方和尚，颠沛流离的流浪诗人，他的诗集早已传到日本。另外，在敦煌发现的残简之中，也可以看到与《贫穷问答歌》十分相似的诗句。

比如"日月虽明亮，偏不为我洒清辉""里长手持鞭，恶声呼叫声声高，直传我床边"，这些都是有名的诗句。

另一方面，在王梵志的诗歌中，也有"世间日月明……贫富有殊别""里政追庸调，村头共相催"这样的诗句。二者之间极其相似的表达有好几处。

山上忆良熟读中国诗文，又曾在长安留学，因此他很有可能读过王梵志的诗。完全可以认为，王梵志的诗歌对《贫穷问答歌》产生了影响。

教化民众的效果

见父母，心怀尊敬，见妻子，满心爱意……

这是《反迷惑之情之歌》的开头，山上忆良为了推广正确的家庭道德，亲自吟咏出这首和歌，并写下自序。他年复一年在自己所管各郡巡回视察，教化民众敬爱父母，疼爱妻子与儿女。这是律令制规定的"国司"的重要职责之一。山上忆良曾担任九州的筑前国长官，在任上写下了《思念众儿女之歌》等作品。

> 啖瓜时，儿郎浮心田，啖栗子，依依犹思恋。何种因缘生吾家？身影飘然浮眼前，使我难安眠。
>
> 金银珠玉何足惜，焉及骨肉小儿女？

以上两首诗歌十分有名，都是当年山上忆良为了教化民众而创作的作品。

当时社会上的父子关系尚属生疏，还停留在未开化的阶段。比如，人们认为父亲将儿子所有的物品——比如仅仅是十束稻（约合大米 30 公斤）——擅自处理，便会被视为"偷盗"，下辈子应该轮回转世变为牛马来偿还；另一方面，父母将子女卖掉的也屡见不鲜。

《贫穷问答歌》中，尊敬的父母在枕头一方，心爱的妻子在脚头一方。以这种对比的方式来歌咏，也反映出山上忆良心目中理想家庭应该具有的秩序与追求。

可以想见当时的日本列岛，存在着各式各样的家庭。中国史书《隋书》中记载有倭国"婚嫁不取同姓"[1]的习俗。"同

---

[1]《隋书》卷八十一，《列传第四十六·倭国》，中华书局 1982 年版第 1827 页。

姓男女"即同一父系集团的男女。当时日本常有近亲结婚的现象,《隋书》所说的"婚嫁不取同姓"或许指的是外来移民。又或许不同的地域之间会有不同的差别,其中就包括《贫穷问答歌》中描写的家庭吧。笔者认为,这并非一般的家庭。

2. 长屋王及其家族

长屋王邸宅的考古发掘

"1988年8月30日午后,我站在奈良市二条大路南面的平城京遗址发掘现场,忙于调查不断出土的木简。我从一位工作人员手中接过一枚木简,用蘸水的毛笔洗掉了上面的尘土,一行清晰的文字跃入我的眼帘:

长屋亲王宫鲍大贽十编

现场的人们立即兴奋起来,出现一阵骚动。同时,我们调查员心里都有了一种石头落地的感觉,这样一来终于可以确定这片邸宅的主人了。"

这是寺崎保广所著的《长屋王》(吉川弘文馆出版)一书的开头。这次发掘调查紧靠平城宫东南,是百货商店施工之前的考古调查的一部分。宅基地的面积达四万平方米。随后又发掘出了像本书后页上的推定复原模型那般宏大的邸宅。所谓长屋王，不用说，指的就是本书第四章第二节中提到过的那位悲剧宰相。

这次的发掘调查，从邸宅东南角的垃圾坑中，大约出土了三万五千枚木简。同一地方出土木简如此之多，可谓空前。这些木简向我们惟妙惟肖地讲述了这座邸宅的生活情境（除垃圾坑外，木简在邸宅别处也有出土）。

在围墙环绕的几乎是邸宅中央的区域中，可以看到与平城京皇宫正殿结构相同的建筑物。这可能就是长屋王的住所。另据专家推测，木简还记载有相当于长屋王正妻地位的吉备内亲王，以及妻子石川夫人、安倍大刀自①，在这座邸宅中与她们各自的孩子一起生活的场景。

长屋王家木简。『长屋亲王宫鲍大贽十编』意为，作为贵重贽礼送到长屋王宫的十捆鲍鱼，此木简是礼品的附件。奈良国立文化遗产研究所提供。

①刀自，意思是"户主"，奈良时代掌管贵族家政大权的女性。

但是,长屋王的诸多妻子中,藤原不比等的女儿及她的子女却没有住在这座邸宅之中。与长屋王邸宅隔着两条大路的正北面,就是藤原氏的邸宅,也许这位夫人就住在娘家邸宅的某一区域吧。

这种多位妻子的居住方式,与本章第一节中设想出来的庶民生活是完全不同的。长屋王是一位高高在上的特殊人物。

长屋王的父亲是天武天皇之子高市皇子,母亲是天智天皇之女御名部皇女,在当时的朝中占据着皇族的核心地位(参见本书第121页人物关系图)。前面说到的那枚木简上的"长屋亲王"("亲王"为天皇之子)应该就是他的正式称呼。被称为"亲王"意味着,在那个时代享受着理所当然的特殊待遇。

长屋王邸宅复原图。早川和子绘

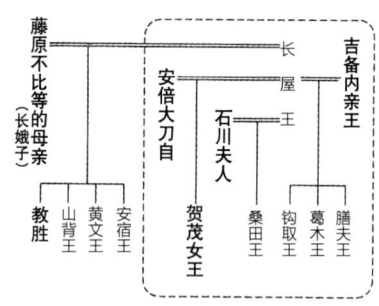

在发掘出的邸宅之内居住的主要人物。此外，在出土木简上能够看到的圆方女王、林若翁等人的系谱不明。
黑体字为女性。

关于长屋王的正妻吉备内亲王，还需要补充一点。她的父亲是天武天皇之子草壁皇子，母亲是天智天皇之女元明天皇，兄长是文武天皇，姐姐是元正天皇，在皇室亲属中居于高位。为此，天皇曾下过敕书："吉备内亲王之子，当特别对待，视为皇孙（天皇之孙）。"

因此，长屋王与吉备内亲王，在皇族当中都是位于顶端的人物。长屋王的邸宅，甚至能与天皇的大内相媲美。我们能从天皇的后宫中确切知道后妃们的居住格局，是从平安宫才开始的。大概是在奈良时代，后妃们之间的居住方式就已经与平安时代相近了。

长屋王邸宅中的生活

从发掘出来的木简上可以看到，"膳若翁""圆方若翁"等带有"若翁"两字的人名共有十位。"若翁"，应读作"わかみたふり"。让人颇

感意外的是,"若翁"是对亲王家族中子女的尊称。"膳若翁"指的是吉备内亲王的长子膳夫王。

木简上还能看到"若翁乳母"(亲王子女的乳母)、"若翁博士"(担任亲王子女教育的先生)、"若翁少子"(亲王子女的玩伴)、"若翁犬"(亲王子女的宠物犬)等字样。另外,在长屋王邸宅中,还有许多"若翁少子"在这里干杂活,也有的担任宠物鹤与宠物犬的饲养工作。

从记录着送往长屋王邸宅的食物、捆装物品目录的木简来看,可以窥测到他们一家的豪华饮食,如刚刚挤出来的鲜牛奶,还有经过熬煮加工的乳制品。他们在"都祁"(现奈良县都祁村)还有制造和储存冰块的设施,到了夏季,似乎每天都要派人去取冰块。

长屋王邸宅首先是设立有按照律令规定的家政机关,许多人在这里当差。木简的年代,长屋王的官职品位是正三品,与此相应,他的邸宅中配有"家令"一人,"书吏"二人,这些人都具有正式官员的身份,执掌长屋王邸宅中的家政。

在"家令"的手下,还有六十位"资人"(舍人)分担各种各样的工作,他们也享受着官人的待遇。另外,还有身怀多种技能的工匠们,分属不同部门,从事金属器皿、木器、武器、服装等的制作工作。邸宅中也有管理建筑与园林的部门。"药师处"里还有男女医生值勤,另外还有"鹤司""犬司""马司"。"书法所"中配备有抄写佛教经典的专职人员,邸宅中还有多位僧人与尼姑常驻。

长屋王家形成了一个自给自足的世界,活脱脱一个小朝廷。

长屋王似乎还继承了父亲高市皇子的家政机关。根据《大宝律令》,高市皇子享受的是天皇子女的待遇,官居二品。与他二品大员的身份相当的大规模家政机关就设在藤原京一带。长屋王继承了这个机关的全套人马。从过去的大和王权时代至今,皇族下属有称为"部"的组织,管理着由其子孙代代承袭的"私有民"(奴隶)。

妻子吉备内亲王应该也拥有相当于三品官的大规模家政机关,其内部的情况尚未弄清。从发掘出来的大量木简来看,几乎都是丈夫一方的"长屋王家令所"废弃之物。

律令与女性地位

笔者认为,吉备内亲王身边存在着一个相当于三品地位的家政机关,其理由如下。

日本的律令制定者,虽然以中国律令为蓝本,但在有关女性的问题上却特意进行了一番改变,附加有关无论未婚还是已婚女性的权力和地位的规定。在中国的传统家族制度下,女性结婚出嫁，其社会地位才会首次得到承认。当然，女方的地位与丈夫的地位是不可分开来谈的，他们只能作为一个整体而得到认可。在唐朝的律令中，妇女不能领受独自的官品，而是按照其丈夫（或是儿子）的地位，授予她相应的官品。

与中国不同，日本的律令中，女性可以被授予和丈夫或儿子的官品不相关的独立品级与位阶，还享有与女性的品级、位阶相对应的种种特权。这些特权即便在数量方面与男性有差别，但却可同男性一样由女性独自享受。四品或三品以上的女性，与四品或三品以上的男性一样，拥有律令所规定的官方认可的"家"。女性的"家"也拥有一套家政机关，同时也是一种官署。在这里工作的职员们从官方领取俸禄。还有，女性同男性一样，可以根据品级、位阶独自被授予相应的封户、品位田、账内和"资人"（舍人的一种）。

高居三品的吉备内亲王身边也设有独立的家政机关，封户为二百户、品位田为三十四町①、发放"账内"（舍人）六十人的俸禄。但实际上，特别是长屋王家中这些待遇是如何落实的，还有待进一步研究。

日本的律令承认女性独立于男性的地位与权力，是因为

---

① 町，律令制土地面积单位，一町为 3600 平方步的土地。

"访妻婚"制度使得女性在婚后的社会地位与身份不会发生根本改变。奈良时代的婚姻礼仪,还没有以明确的形式确立起来,这一点也与女性的特殊权力与地位有关。

长屋王的信仰

我们将话题再次转到长屋王身上。长屋王不但在政治方面,而且在宗教方面也格外引人注目。长屋王与佛教有着深厚密切的关系,七一二年(和铜五年)和七二八年(神龟五年),他曾两次主持过《大般若经》的经文抄写工作。长屋王在平城京东面的佐保地方也有邸宅,抄写经文的活动也许就是在那里进行的。

邸宅内居住着僧尼,他们不但要抄写经文,还要主持一年四季日常的佛教法会与各种仪式。

前面已经讲过,七二九年(神龟六年)二月,长屋王被人告发"学左道,图谋倾覆国家",他和妻子一道被迫自杀。所谓"左道",就是不正之道、邪道。长屋王事件后不久,朝廷发出一道敕令,严禁"学习异端,行眩人之术,用人偶等诅咒他人",这道敕令的下达与长屋王事件不无关系。

的确,当时常有著名的阴阳师出入于长屋王邸宅,从这里发掘出来的木简上也有这样的文字记录:"用于咒术之线绳。"阴阳师从事的阴阳道,包括天文、历法、卜筮(占卜)、地相（查看地势）等内容，具有浓厚的咒术性质。

前面曾提到过，各种各样的咒术宗教混杂在佛教之中传到了日本列岛，长屋王就生活在这样的时代。虽然他有可能较深地陷入被称为"左道"的咒术之中，但应该将其置于当时贵族阶级中的宗教存在方式，及其波及周围的巨大影响之背景来考虑。指控长屋王"学左道"，不过是灭掉他和吉备内亲王的借口罢了。

长屋王的另一位妻子，藤原不比等的女儿，和她的孩子们，也经历了灭门大难，虽然有幸活了下来，却在后来的政治斗争波涛中被淹没了。

3. 鉴真身边之人

两位赴唐僧人　　在此，我们放眼远望，将视线转向日本列岛之外。

七三三年（天平五年），多治比广成的遣唐使船上，搭载着荣叡与普照两位僧人，他们肩负着从唐朝邀请一位具有为他人授戒资格的赴日高僧的重大使命。授戒，就是授予出家之人作为僧侣应当遵守的戒律。当时的日本不断有"私度僧"出现，他们未经官方许可便私自出家为僧，佛教界僧尼的行为混乱。如何才能整肃佛门，严正规律呢？朝廷学习唐朝的授戒制度，想举行被视为出家正门的登坛授戒仪式。可是，在日本尚无一人具有必需的授戒资格。于是，有了荣叡与普照两人的派遣。

荣叡等人来到唐朝，首先成功地邀请到了来唐朝的印度僧人菩提、唐朝僧人道璿。菩提与道璿随归国的遣唐使一起赴日本。不久，在东大寺举行的大佛开光法会上，菩提担任开光导师，道璿则担任咒愿师①。

荣叡与普照则继续留在唐朝，在洛阳与长安学习佛法，他们等不及下一次遣唐来到中国，便希望找到授戒师，然后联袂归国。当时，遣唐使大约每隔二十年派遣一次，此刻，距离他们首次来中国仅仅过去了十年。荣叡与普照找到了几位同意赴日的高僧，还找到了具有经济实力的赞助人，在他们的援助下准备了渡海船只。七四二年十月，他们又来东南重镇扬州，计划经长江渡海前往日本的基地。

当时，正巧鉴真大师在扬州大明寺讲授戒律，二人便前往大明寺拜访。他们匍匐在鉴真足下，请求他赴日。鉴真法师回答道："我听说日本国的长屋王，深深崇敬佛法，制作了千领袈裟，施舍给唐朝的高僧。袈裟的边缘上绣有四句佛偈：'山川异域，风月同天。寄诸佛子，共结来缘。'如此思量，日本的确是有佛法兴隆之缘的国家啊。有谁能响应远道而来的客人邀请，与我一同前往日本，传播佛法？"

满座的僧侣们雅雀无声。长时间寂静之后，一个叫祥彦的僧人上前说道："日本国路途遥远，能够活着抵达，便是难

---

①咒愿师，在法会上朗读咒愿文的大师，也是指挥整个法会仪式的大导师。

事。大海无际,恐怕百人之中,仅有一人方可到达。吾等好不容易降生为人,且生在中国。如今正在修行途中。"众人皆沉默不语。

鉴真又说道:"这是为了弘扬佛法,何谈要怜惜性命?若诸位都不愿去,我甘前往。"

祥彦答道:"若大和尚前去日本,弟子愿跟随师父前往。"

祥彦带头报名,接着,愿意跟随的僧人一个个都表了态,总共有二十一人。

接踵而来的挫折

鉴真立即开始造船,准备东渡。到了第二年的七四三年四月,有人诬告鉴真与海盗勾结,图谋不轨。荣叡与普照被捕了,渡海计划受挫。

四个月后,两位日本僧人被释放,他们再次前来拜访鉴真,一起悄悄商量继续渡海之事。鉴真用筹来的钱购买了一艘船,准备工作逐渐就绪。同年十二月,他们终于起航,但一出长江口就遭遇了海难。事后,鉴真又准备了一条新船,好不容易才在七四四年找到了出海的机会,但偏偏遇上唐王朝加强对偷渡出海行为的管控,再加上一些别的困难,计划再次失败。

陷害鉴真的人当中,竟然也有鉴真的弟子。留在扬州的弟子灵祐等人聚在一起商量道:"大和尚发愿要前往日本,一

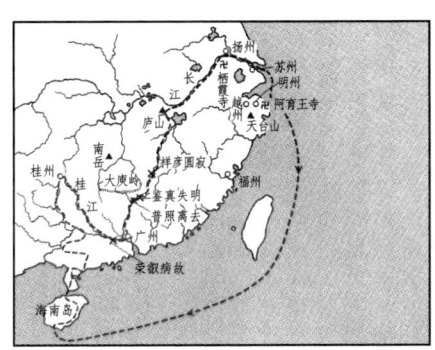

鉴真漂流到海南岛的航线，行走南方多州，从陆路返回扬州

定会吃很多苦头。大海茫茫无边，生死难测。我们一起去告官，阻止他们渡海，让他们死心吧。"灵祐等人便向官府递交了状纸，官府马上派人追捕鉴真一行。官府郑重抓捕鉴真，又将他送回扬州。

大家都为鉴真的归来感到庆幸，可鉴真却陷入了忧伤之中，他板着脸严厉地斥责灵祐。灵祐每天晚上从八点开始便站在鉴真的房门外，直到天明，以表谢罪之忱。六十天过去了，扬州各寺院的高僧们结伴来向鉴真谢罪，鉴真的脸上终于露出了喜悦之色。

四年过去了。七四八年春天，荣叡与普照又到扬州来拜访鉴真，恳请他再次东渡。可见这两位日本僧人的意志是何等坚强。鉴真又一次答应。经过一番渡海准备后，万事齐备。

六月,鉴真从扬州出发,十月,驾船朝着日本启航了。

可是,鉴真一行遇上逆风,一路漂流到南海,九死一生才到达了海南岛。亏得遇上了当地一位富豪,并得到了他和全族人的帮助,鉴真一面指导他们建造寺院,一面走遍中国南部各州。约三年之后,鉴真才回到扬州。这次长途跋涉中,鉴真经历了许多生离死别。

一次次的生离死别

从桂州到广州的途中,荣叡突然病故。八年来,荣叡为了邀请鉴真东渡,殚精竭虑,如今尚未达到目的,便赍恨而没,鉴真哀恸不已。

七五〇年在返回扬州的长途跋涉中,普照向鉴真告别,要独自一人去明州(今宁波)的阿育王寺。鉴真拉着普照的手,流着眼泪说道:"为了去日本传播戒律,我发愿渡海,可至今尚未抵达。在根本之心愿仍未达成之时,我们就要再次分袂而行,此刻心情难以言状。"

这时,鉴真因长时间在炎热中跋涉,视力已经逐渐下降。即使接受了擅长治疗眼疾的胡人(来自丝绸之路的西方异国之人)的治疗也无济无事,鉴真的双目终于完全失明了。

后来,一行人乘船继续北上。一天夜里,祥彦端坐船上,问思托[1]:"大和尚已经歇息了吗?"思托与祥彦一样,是始终伴随着鉴真的弟子之一。

思托答道:"师父已经就寝。"

祥彦又说:"我想此刻与老师做最后的诀别。"

思托叫醒鉴真,将祥彦的心意转告给他。鉴真立刻焚香,让人搬来几案,令祥彦靠上前来,面朝西方,口念阿弥陀佛。祥彦念了一声之后,便保持端坐姿态,变得悄无声息了。鉴真大声呼喊:"彦徒儿!彦徒儿!"悲叹不已。

为了弘扬佛法,祥彦曾经首先表态愿跟随鉴真渡海。他是鉴真心爱的弟子,却永远离开了鉴真和尚的身边。

经过长期的颠沛流离,鉴真终于回到长江流域。弟子灵祐得知师父归来的消息后,从栖霞寺赶来拜见。灵祐就是当年为了阻止鉴真东渡前去告官的僧人。他一见到鉴真,连忙五体投地,捧住鉴真的脚,转身哭泣道:"尊师大和尚远渡东海,吾心中曾想,今生恐怕再也无缘相见了。今日竟然有机会再次礼拜,如同盲目之龟睁开双眼重见天日一般。佛法之灯今日更增光辉,吾等身边的愚暗世界亦再现光明。"

---

[1]思托,唐代僧侣,鉴真之弟子,忻州人,俗姓王,生卒年不详。随鉴真东渡后,协助师父普及戒律。著有《大唐传戒师僧名记大和尚鉴真传》《延历僧录》,后者是日本的第一部僧侣传。

灵祐在前面带路,将鉴真请到自己的栖霞寺招待了三天。分别数年之后再次重逢,师徒定有千言万语要倾诉吧。

鉴真离开栖霞寺重返扬州时,扬州的百姓将道路挤得水泄不通,古运河的水面上布满了前来迎接的船只,首尾相连,铺满水面。

终于抵达日本

七五三年十月,时隔多年又来到中国的遣唐使一行,归国途中,至扬州拜访鉴真。遣唐大使藤原清河说道:"吾等皆知,大和尚曾五次渡海,一心前往日本国弘扬佛法。今日有幸拜见,不胜喜悦。吾等此前在长安都城时,曾向玄宗皇帝上奏,希望能迎接大和尚与五位高徒前往日本。皇帝要求吾等将道士也一并带往日本。于是吾等又奏道:可惜日本之君王,自古便不曾崇敬道士之法(教团道教),因此留下春桃原①等四人学习道士之法。可是,大和尚之名已经从邀请人员名单中抹掉,请大和尚亲自想想办法吧。"

---

① [日] 淡海三船《唐大和上东征传》:"主上要令将道士去,日本君王先不崇道士法,便奏留春桃原等四人令住学道士法。"井上靖在小说《天平之甍》中也写道:"选出春桃原等四人,将他们留在唐土。""春桃原等四人",当是遣唐使中的成员,后来他们是否回到日本,已不可考。

鉴真和尚答应了藤原清河的请求，同意搭乘遣唐使船，秘密偷渡前往日本。他和弟子们悄悄离开扬州，朝着启程地苏州出发。

到了预定出海日期前两天，普照从明州飞奔而来，直接上了船。十一月十五日，四艘遣唐使船终于起航，驶向日本。可偏偏此时有一只野雉在第一艘船的船头前飞过，大家决定抛锚停泊。因为这是不吉之兆。

是夜，圆月高挂。二十岁时来到唐朝的阿倍仲麻吕，也搭乘这次遣唐使船归国，此时已经五十六岁的他仰望冬日夜空中的皓月，吟唱道：

翘首望长天，皓月应自故国来，春日野上三笠山。

第二天即十六日，遣唐使船队终于扬帆出海，驶向日本。遣唐副使大伴古麻吕的那条搭载着鉴真和尚的船，和吉备真备的那条船都终于平安抵达日本。可是，遣唐大使藤原清河与阿倍仲麻吕乘坐的船只，虽然已经到了冲绳，此后却开始向南漂流。他们两人再也无缘踏上日本的土地。

七五四年二月，鉴真和尚到达平城京。天皇的使者出罗城门迎接，将他领入东大寺。

阿倍仲麻吕。葛饰北斋绘。现藏美国国会图书馆

四月,大佛殿前设起戒坛,圣武天皇首先登坛,接受鉴真和尚授予的菩萨戒,然后光明皇太后、孝谦天皇等人也相继登坛受戒。

第六章 王权正统性已经动摇

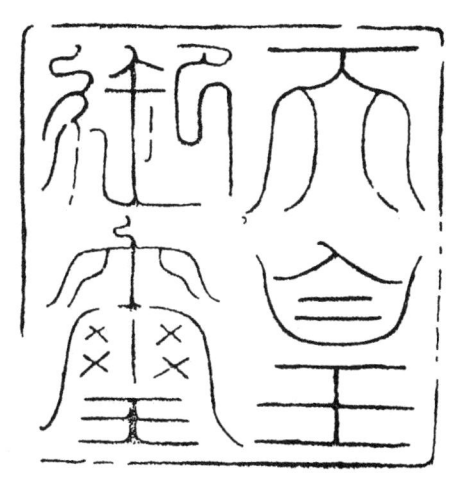

"天皇御玺",天皇发布诏敕等时使用的印鉴

1. 藤原仲麻吕的儒家政治

藤原仲麻吕飞黄腾达　　七五六年（天平胜宝八年）五月，圣武太上天皇驾崩，根据其遗诏，将道祖王（天武天皇之孙）立为皇太子。从几年前起，藤原仲麻吕的势力就开始迅速扩张，将太政官手下的议政官架空。圣武天皇在世时，仲麻吕派与反仲麻吕派的势力好不容易才维持住了平衡，圣武天皇一去世，局势突然开始出现动荡。大伴、佐伯、多治比等反仲麻吕的氏族，以橘诸兄之子橘奈良麻吕为中心，拥立黄文王（幸存下来的长屋王之子）等皇族，频繁开展打倒藤原仲麻吕的活动。

翌年（天平胜宝九年）正月，尽管藤原仲麻吕膝下已经有了好几个自己的儿子，却又将一个叫做石津王的皇族子弟收为养子。三月，下达了将"藤原部"改名为"久须波良部"，将"君子部"改名为"吉美侯部"的敕令。中国传统礼制中，有一种避开天子或是父辈名讳的"避讳"制度。例如在唐朝，为了避开唐太宗李世民的"民"字，将官衙"民部"改成了"户部"。此时的日本更改"君子部"的名称，就是为了避开专指天皇的"君"字。而更改"藤原部"是为了强行将"藤原"与"君"置于同样尊贵的地位。两个月后，也是为了避讳圣武天皇名字（首皇子）中的"首"和藤原不比等名字（藤原史）[①]中的"史"字，将姓氏"首"与"史"改成了发音相同的"毗登"两字。藤原仲麻吕，一心想让自己的行为符合中国的礼制，但这种将自己的意志强行推广于天下的做法，恰恰背离了中国的礼制，昭示了藤原氏欲将自己置身于与皇族同等地位的野心。从此，藤原仲麻吕开始为了自己的利益对"礼制"恣意滥用。

三月末，扰乱朝纲的事情越来越多。孝谦女帝凭借圣武天皇的遗诏，宣称圣武天皇已将皇嗣决定权委托给了自己，于是便废掉了皇太子道祖王。代替被废皇太子而推举出来的，是藤原仲麻吕早已准备好的大炊王（天武天皇之孙）。藤原仲麻吕早就让大炊王与自己死去的长子之妻结了婚，此后大炊

---

① "不比等"是万叶假名，即将汉字仅仅作为表音文字来使用，而与汉字的表意功能无关。"不比等"的意思是"史"，读作"ふひと"，是"ふみひと"的略音，意思是"文人"。

王一直居住在藤原家的邸宅中。

孝谦女帝领会到藤原仲麻吕的心意,便指名将大炊王立为皇太子,四月份就举行了立太子仪式。藤原仲麻吕就任总揽军事大权的"紫微内相"。同时,又颁布了禁止集结私家兵力的戒严令。对反对派而言,发动一场推翻仲麻吕的政变已经迫在眉睫。

但藤原仲麻吕却先下手为强。七月初,以橘奈良麻吕为首谋,反对派相继被捕。这些人不是死于残酷的拷问之下,就是被流放到遥远的边疆。反对藤原仲麻吕的军事政变胎死腹中。

惠美押胜的"仁政" 藤原仲麻吕将反对派一扫而光,以蚕卵组成了吉庆的"祥瑞"二字为契机,改年号为"天平宝字"。国司征发劳役的"杂徭"一下子从每年六十天减半为三十天,还向全国各地派出了体察民间疾苦的"问民苦使",根据他们的上奏,缩小了负担调庸等"课役"的年龄层,一心施行儒教所提倡的"仁政"。

第二年,孝谦女帝让位于大炊王,是为淳仁天皇。这一年,孝谦四十一岁,淳仁天皇二十六岁。他登基的同时,官府的名称也发生了变化,如"民部省"改称"仁部省"。

一道敕令传了下来,藤原仲麻吕升任"大保"(右大臣),还在其姓氏前面加上了"惠美"二字,赐名"押胜"。他还被赋予"铸造钱币"与"举稻"(出举①)的特权。"铸造钱币",不用说这是帝王的大权;而"私出举"则一直遭到严令禁止。两年后,藤原仲麻吕又升任"太政大臣"(太师),这是首次由皇子以外的人来担任这个职务。

在海外,从渤海国归来的小野田守带来了一个惊天动地的消息。唐朝的节度使安禄山与史思明发动叛乱,唐玄宗抛下长安出逃。日本朝野大为震惊,命大宰府加强防备,还制定了征讨新罗的计划。他们认为,正处于内乱的唐朝无暇顾及驰援新罗,此时正是征讨新罗的绝好机会。

惠美押胜命人制定了三年后征讨新罗的详细计划,命令各国分摊,三年内建造五百艘船只;还向各国发出征兵令,征发四万名军士。实施这两项计划的基础,就是定期在全国编撰而成的户籍与财会簿,充分利用律令制国家的机构,推进备战工作。

同过去的隋唐攻打高句丽时一样,运用官僚机构来统筹

---

① "出举",奈良时代附有利息的借贷。由国家施行的叫"公出举",春天将官稻贷给农民,到了秋天加收三至五成的利息。另有由寺院、神社或贵族发放的"私出举",利息更高。

物资与人员，准备战争，日本终于发展到了欲有所作为的阶段了。一百年前的百济战役（为帮助百济复兴而出兵朝鲜半岛）时，齐明女帝与中大兄皇太子都曾不得不亲临"吉备"与"伊予"①募集军队。此时的情况与当年大不相同了。惠美押胜制定的征讨新罗的计划，充分显示了律令制国家的巨大优势。

律令制国家，必须是一个统治诸藩与夷狄的帝国。惠美押胜无法容忍新罗身为日本名义上的朝贡之国，却又企图摆脱这种关系。他将儿子派往对虾夷作战的据点多贺城，要他出力征服虾夷，征讨新罗。押胜继承了祖父藤原不比等的血脉，想让自己成为律令制国家的"嫡长子"。可是，就在这项计划实施之前，惠美押胜迅速失势。

道镜登台

七六一年（天平宝字五年），淳仁天皇与孝谦上皇行幸近江的保良宫，宣布这里为大和国的"北京"（请参看 127 页京畿之内宫殿与首都所在地图）。对于惠美押胜而言，近江国非同寻常，这里曾是父亲藤原武智麻吕和自己先后担任过"国守"的地方，

---

① "吉备"，今冈山县一带；"伊予"，今四国岛爱媛县一带。

祖父藤原不比等还被授予过"淡海公"的称号①。

在两位天皇行幸保良宫期间,惠美押胜终于升到位极人臣的正一品官。可是,孝谦上皇行幸时染上了疾病,她让宫中的内道场禅师道镜来看护自己。这件事成了惠美押胜没落的开端。

道镜是河内国的豪族弓削氏出身,他的师祖道昭曾远赴长安,向玄奘学习过禅(瑜伽的冥想修行)。唐代的瑜伽具有浓厚的印度瑜伽色彩,与医疗有着密切的关系。孝谦患病期间,之所以从为数众多的看护禅师中选中了道镜,是因为他经历过山林修行,获得了非同凡响的咒验之力。奈良时代的山林修行既与日本自古以来的多神教信仰有关联,还与古老的密宗佛教也有着密切的联系。曾在葛城山②修炼过密宗咒术的道镜用咒术之力竟然让孝谦上皇的疾病痊愈了。

他的治疗方法中,恐怕禅师与患者的精神交流发挥了重要作用。自此,孝谦开始宠爱道镜。

眼看孝谦与道镜日益接近的年轻的淳仁天皇,很可能对孝谦进行过一番苦言相劝。也许这是惠美押胜背后唆使的结

---

① "淡海"就是位于近江国的琵琶湖,这是一座辽阔的淡水湖,因此称为"淡海"。
② 葛城山,位于今大阪府与奈良县之间的金刚葛城山系,南北走向,其中最高的葛城山海拔959米。

果。受到比自己年纪小得多的淳仁天皇的批评,孝谦感到十分愤怒,致使两人的关系走向决裂。孝谦上皇回到平城京后,却不进入平城宫,而是撂下了一段话后到法华寺出家了。

> 当今天皇(淳仁)失礼,如卑贱之人对待仇敌般,口出谰言,举止欠妥。朕不曾受过如此冥落,窃思忖,恐因举止拙劣,受如此恶语相加,惭愧不堪。此事乃朕发菩提心之机缘,以至遁入佛门。凡日常政事与常祀,均由当今皇上主持。凡国家大事与赏罚,均由朕行使权力。

所谓"国家大事"之中的"大事",指的是对外作战命令。淳仁天皇成了丧失大权的傀儡,惠美押胜征讨新罗的计划也遭受挫折。

惠美押胜让自己的三个儿子都成为参议,父子四人都成了太政官手下的议政官,对这种异乎寻常的人事安排朝中反感之声日益高涨,惠美押胜一派逐渐被排挤出要职,道镜及其支持者开始大展身手。被人步步紧逼的惠美押胜,却将自己的儿子与女婿安排到掌握军权的要职之上,自己也当上了总揽军事大权的临时长官。拥护惠美押胜与反对惠美押胜两派的对立日益激化。

押胜之乱

孝谦太上天皇先下手为强。天平宝字八年（七六四年）九月，孝谦派少纳言（执掌驿铃与印鉴收授大权的官员）去淳仁天皇处收回天皇手中的驿铃与玉玺。惠美押胜听闻此事后，立即派儿子夺回。孝谦太上天皇得到紧急情报，命令坂上苅田麻吕射杀敌军，再次将玉玺与驿铃夺了回来。

惠美押胜因得不到天皇的玉玺，便携太政官印飞奔到近江国。因无法将淳仁天皇带在左右，便匆忙地将天武天皇之孙冰上盐烧拥立为天皇，并把自己儿子们的官位提拔为与亲王相同的三品，将这道盖有太政官印的文书（太政官符）告知诸国。经过八天激战，胜负已定，惠美押胜在琵琶湖的船上被俘，随后被斩首。

太政官印

孝谦太上天皇与太师（太政大臣惠美押胜）之争，以相互争夺驿铃与天皇玉玺为开端，令人饶有兴味。所谓驿铃，是征用各个驿站所配驿马（紧急联络时使用的快马）的凭证。这些官道是连接京师与地方诸国的交通要道。另外，天皇玉玺是用在国家的最高命令文书，如诏书、敕令之上的印鉴。这场战乱以争夺玉玺为开端，说明这时按照天皇下达的文书而运作的机制律令已经建设完毕，并在现实生活中发挥作用。孝谦太上天皇得知惠美押胜携带太政官印企图从近江前往北陆道①后，立即将盖有天皇玉玺的敕命发往北陆道诸国，命令"国守"们不得听从只盖有太政大臣官印的一切命令。

前面已经讲过，一百年前的壬申之乱时，大海人皇子想先夺得驿铃，却惨遭失败。当时的玉玺尚不是问题。日本在文书之上加盖印鉴的制度，是从《大宝律令》的实施开始的。从此，特别是朝廷下达到地方各国的重要文书，原则上都要加盖天皇玉玺。可以说，惠美押胜发动叛乱的事件，从另一个侧面反映出律令制国家建立的意义及其运作方式。

---

①北陆道，包括今天的福井县、石川县、富山县、新潟县一带。

2. 称德女帝与道镜

尼僧天皇与法王　惠美押胜之乱刚刚被镇压下去，孝谦太上天皇就任命道镜为"大臣禅师"。淳仁天皇被逮捕，幽禁于淡路岛①。在废除淳仁天皇的诏书中，孝谦太上天皇引用了其父圣武天皇的话：

> 由王成奴，由奴成王，皆可由汝之意自行定夺。

孝谦太上天皇就这样确立了自己的大权。接着，孝谦再次登上皇位，是为称德天皇。过去，曾有古人大兄皇子和大海人皇子等，在皇位之争中，为明哲保身而隐退出家，圣武天皇也是在出家的同时，让位于孝谦天皇。因为出家之后，

---

①淡路岛，位于本州岛与四国岛之间的濑户内海之上的大岛。

便无法再当天皇了。可是现在，日本首次出现了出家人出任天皇的情况。

第二年的七六五年（天平神护元年）冬，称德天皇行幸纪伊①，住进了和歌浦的望海楼。在此期间，心中忧愤难忍的废帝淳仁天皇企图逃走，又重新被捕，第二天离奇死去。称德女皇行幸的归途中，顺路拐到河内国的弓削行宫（即后来的由义宫，参见第127页地图），将道镜提升为"太政大臣禅师"。这样的提拔异乎寻常。

又过了一年，在位于法华寺町一隅的隅寺（海龙王寺）的毘沙门天像中发现了佛舍利，这与道镜宣扬的佛理预言完全吻合。根据他的教导，称德天皇又将道镜封为"法王"，每月的俸禄与天皇的御供相当。也就是说，道镜享受到与天皇一样的待遇标准。为此，还专门为他设立了"法王宫职"的官署。

宇佐八幡神托梦　　因为称德女皇没有立下皇太子，围绕独身女皇百年之后的继承大统问题，朝中不断发生阴谋事件。竟然还有人偷走女帝的头发，塞进了从

---
①纪伊，位于近畿地方南部的纪伊半岛，今和歌山县与三重县一带。

用于诅咒的人像。男性人像的头部和两眼以及胸前都钉有钉子。奈良国立文化遗产研究所提供

流经平城宫附近的佐保川上捡来的骷髅之中，想咒杀女皇。

此时，道镜一族飞黄腾达，占据了重要位置。七六九年（神护景云三年）正月，在称德女皇接受百官朝贺的第二天，道镜竟然也接受了群臣的朝贺。这一年，大宰府的主神（掌管祭祀的官员）上奏宇佐八幡神托梦的内容：

> 道镜即位，天下太平。

朝廷因为这件非同小可的事而动荡起来，女帝召见和气清麻吕，发布命令：

> 昨夜之梦，有八幡神使者前来，曰："因大神有事上奏天皇，委托尼僧法均。"朕答："法均体弱，加之路途遥远，无力前往九州。为此委派和气清麻吕代为转告。"命汝即刻启程，聆听八幡神之旨意。

法均是女皇身边值得信赖的尼僧，和气清麻吕则是她的弟弟。到达八幡神宫的清麻吕接受了神灵的托梦，他祷告说：

此刻八幡大神之教诲，乃国家大事。此前所闻之言，不可尽信。请赐予我超越人智之神言妙语。

于是，神灵立刻显身，笼罩着一团直径三丈（大约九米）左右的满月般的光芒，和气清麻吕惊愕得转过身去，无法仰视八幡大神。大神之神灵附于清麻吕之体曰：

天之日嗣，必立皇绪（天皇子孙）。

回到京师的清麻吕通过法均，上奏了神的教诲。道镜勃然大怒，女皇便将清麻吕的名字改为"别部秽麻吕"，将法均改为"别部狭虫"，将二人流放。大概是因为他们姐弟二人违背了女帝的圣意吧。至于神灵托梦与神灵附体的真相，我们不得而知。

仲麻吕与道镜的共同点　宇佐八幡神托梦，要让一个非皇族出身的僧人继承皇位，这一点非常奇特。

可是，试想一下，藤原仲麻吕（惠美押胜）曾让自己的家族靠近皇族，道镜一心想要超越仲麻吕的所作所为，可见在当时的历史潮流中，发生的这一切皆为不足为奇之事。

藤原仲麻吕最终成了太师（太政大臣），而道镜则当上了太政大臣禅师，后又晋升为法王。仲麻吕以光明皇太后的紫微中台为据点掌权，而天皇为道镜专门设立了法王官职位的官署。仲麻吕在自己管领的近江国修建了保良宫，号称"北京"，道镜则在自己的出生地河内国的弓削修起了由义宫（请参看第127页地图），号称"西京"。仲麻吕青年时代就敢于打破姑母光明子所说的"唯皇女方可成为皇后"的惯例，亲自执掌大权，处心积虑地将自己的家族与皇族一体化，让藤原氏的氏名"藤原"和祖父之名"史"，与特指天皇的"君"和圣武天皇的名字"首"一样，适用于"避讳制"，成为人们必须避讳的字眼。他还拥有理应属于天皇专有的铸造钱币权。仲麻吕还让大炊王与自己长子的遗孀结婚，然后拥立他登上皇位，最后还让自己的儿子们享有与亲王一样的"品位"。

拿藤原仲麻吕而言，他自己似乎还没有推倒天皇取而代之的意图，但他却已经走到了篡位之前的最后一步。道镜有着压倒对手的强烈对抗意识，要与藤原仲麻吕一比高下。可以说，道镜比藤原仲麻吕走得更远。

第六章　王权正统性已经动摇

可是，问题就出在这最后一步。朝中豪族以共同拥立继承着一种特异的神灵与威严的大王为核心，构成大和朝廷，并以朝廷为媒介，统治着地方的豪族。这种大和朝廷的结构构成了律令制国家的基础，天皇的权威就是依靠世袭这种特异的神灵与威严的氏族制度来支撑的。

但是，单凭这种氏族制原理，并不足以支撑起八世纪一代又一代的天皇的正统性。当多位强有力的皇位继承人并存时，要让自己中意的皇子来继承皇位，依靠的就是天智天皇的"不改常典之法"（特别是对皇位继承者的决定权），日本还滥用了儒家式的天命思想"祥瑞"。

支撑王权的思想　　所谓"祥瑞"，是一种来自中国的思想。天子施行仁政之时，"天"就会做出感应，出现"祥瑞"。在藤原仲麻吕的时代，曾频繁出现了罕见的"祥瑞"，与仲麻吕的"仁政"一起受到世人瞩目。倾心儒家、标榜仁政的藤原仲麻吕，大大动摇了天皇的正统性。这种正统性是历代天皇从大和王权继承下来的神话与血缘系谱构成的。藤原仲麻吕想让日本天皇靠近中国皇帝。

在日本，与儒家的天命思想相并列，或者说发挥了更大作用的是佛教。圣武天皇亲口宣称自己是"三宝之奴"而退位。孝谦女皇以出家人的身份重新登上皇位，成为称德天皇。她自称佛门弟子，尊道镜为师。伴随着称德天皇的重祚而举行的"大尝祭"①（日本神道神祇信仰的仪式），也有僧侣参加。诏命中说道："佛典中言，众神守护佛法。故出家人与白衣（世俗之人）一起共同侍奉，并无妨碍。"自古以来的天之神、国之神，皆起着守护佛法的作用。

可是，要将道镜拥立为天皇，就必须打破由皇统的御子继承皇位的传统"日嗣之法"。称德女皇宣称，皇太子的地位是由上天授予的，须等到祥瑞出现。显示祥瑞的主体多种多样，有伊势大神、历代天皇之灵、三宝（卢舍那佛等）、诸天（四天王等）、天之神、国之神等。这些神灵会以各种方式组合显示出祥瑞，以警告天皇有人要谋反须守护王权。

可是，让道镜升格为法王时出现的佛舍利，两年后就被揭穿为伪造之物。在这样的情况下，很难再有可依靠的祥瑞出现了。拿佛的教诲而言，佛教中并无"托梦与神灵附体"的传统。在这里值得一提的是，在建造大佛时宇佐八幡神所助的一臂之力。

前面提到的将宇佐八幡神封为一品、比卖神封为二品也

---

①大尝祭，天皇即位后首次举行的"新尝祭"上，献上当年收获的新谷，祭祀天照大神与神祇的仪式。

请各位注意。由于品位是授予亲王（天皇之子）的等级，因此可以说，这样做是将八幡大神视为皇统的"御子神"（即天皇的子孙）。历史上也有依照八幡大神的"托梦与神灵附体"而给某人加官晋爵的先例。称德女皇为了越过"日嗣之法"的传统，也许依靠的正是"御子神"的启示。

最终，称德女皇与道镜都未能打破"日嗣之法"的传统。来自亚洲大陆的文明，儒教与佛教也未能打破日本原始的血缘原理和氏族制度的秩序。

3. 新王统的建立

天智天皇血脉的天皇即位

称德女皇欲立道镜为天皇的行动失败后，于七七〇年（神护景云四年）八月驾崩，享年五十三岁。当天，左大臣藤原永手以称德女皇"遗宣"（遗言）的名义，将天智天皇之孙白壁王立为太子，半个月后，藤原永手将道镜驱逐到了下野国①的药师寺。十月，白壁王登基，是为光仁天皇。同时，世上有祥瑞的白龟出现，于是将年号改为"宝龟"。

之所以选择光仁，因为他的妻子是圣武天皇的皇女井上内亲王，夫妻二人生下了他户亲王。在重视父系与母系双方血统的日本社会，人们可以认为，他户亲王通过母亲，继承了祖辈的灵威，延续着圣武天皇的皇家谱系。

---
①下野国，今关东地方的栃木县一带。

第六章 王权正统性已经动摇

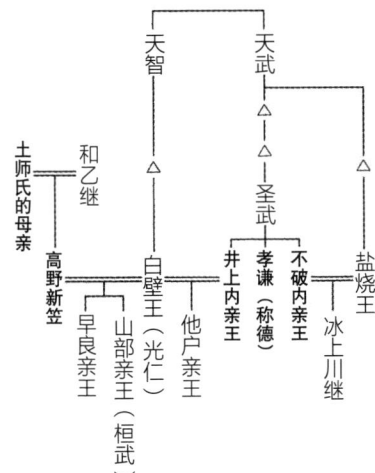

围绕在光仁天皇与桓武天皇周边的人们。黑体字为女性。

可是，在将他户亲王立为皇太子仅仅一年之后，其母井上内亲王因企图用诅咒之法杀死丈夫光仁天皇，而被废除皇后之位，他户亲王的皇太子之位也被褫夺。母子二人一同被幽禁在大和国的宇智郡，两人又在同一天离奇死去。

因为发生了以上的事件，光仁天皇与高野新笠生下的孩子山部亲王被立为皇太子。据推测，这是藤原百川等人策划的。光仁天皇一改道镜时代的特殊异常的政治，计划整饬官制与财政，到了他七十三岁的七八一年（天应元年），便将皇位让给了山部亲王，就是桓武天皇。

桓武天皇的母亲高野新笠，是来自朝鲜半岛百济血统的

"和乙继"与伴造氏血统的土师氏之女儿所生。在天皇家族中，重视父系血统的同时，也重视母亲的出身。在当时的朝中贵族意识当中，一个是渡海而来的外来移民血统一个是伴造豪族，天皇母亲的出身显然要略逊一筹。桓武天皇即位第二年，天武天皇之孙与圣武天皇之女之间所生的冰上川继谋反事件，就是抓住了桓武天皇的这一弱点。

该如何宣扬和确立自己的正统性，这是桓武天皇面临的重大课题。他在即位诏命中简洁地说道：

> 光仁天皇依据天智天皇制定之法，朕受赐皇位，命百官侍奉。

据推测，"天智天皇制定之法"，指的就是与前面讲过的与"不改常典之法"类似的"皇统与皇权的绝对之法"，是光仁天皇继承皇位最强有力的依据。

迁都新京

对于桓武天皇而言，从天智天皇到光仁天皇的父系血统的传承，再由光仁天皇让位而登基，这是他得以继承皇位的正统性的核心。对于桓武天皇来说，只要母亲的出身具有弱点，从天武天皇直到圣武天皇的皇统，于他就都没有任何联系。若继续待在天武系血统的平城京，桓武很难得到容许与认可，他有意识地要建设一个新王朝。七八四年（延历三年）五月，桓武天皇宣布迁都山背国①长冈京,并开始了营建工程。仅仅半年后的十一月，他就起驾迁都长冈京了。之所以选中长冈，据推测是因为这个地方与渡海而来的外来民族关系密切，还能享受到水运便利（请参看127页地图）。

推进迁都长冈的藤原种继，是拥立桓武天皇登基的藤原百川之侄，得到了桓武天皇极大信任的他，为新首都营建工程而日夜操劳，殚精竭虑，常常通宵达旦地指挥工程。迁都后的第二年（延历四年）九月二十三日夜，当他举着松明火把视察施工现场的时候，突然从黑暗中飞来两只箭。藤原种继身中两箭，被抬回邸宅，第二天就丧了命。

犯人大伴继人被捕，一番严酷拷问过后发现，皇太子早良亲王（桓武天皇的同母之弟）与这场阴谋有关。首谋者大伴继人等被立即斩首，早良亲王被幽禁，后用船送到淡路岛。忧愤不已的早良亲王，从被幽禁之日起便开始绝食，在押送途中一命呜呼。

---

①山背国，今京都府南部一带。

一个月后的冬至，桓武天皇在长冈京南郊的交野（现大阪府交野市）祭祀天神。后来，隔了一年的冬至之日，他又到交野祭祀天神。冬至在京城南郊祭天，这是仿效了中国古代皇帝的郊祭。中国的郊祭，是王朝初代的皇帝祭祀昊天上帝（天帝）和四方诸神的祭祀活动。桓武天皇的祭祀大典，还将父亲光仁天皇作为昊天上帝的"配祀"①进行。模仿中国王朝交替之后的郊祭，桓武似乎在宣扬以父亲光仁天皇为起点，新的王朝开始了。

当然，天智天皇与天武天皇是亲兄弟，按照中国的习惯来说，他们是同姓。天武—圣武系与天智—光仁系的交替，算不上"易姓革命"。另外，桓武天皇并非像中国皇帝那样，亲自去祭天，而是派遣使者去祭祀。还有，将圣武天皇驾崩之日定为"国忌"，显示出这场权力交替的"革命"意识并不强烈。

对于桓武天皇而言，比起"天神"来，"伊势大神"更为重要。当他还是皇太子的时候，因为疾病痊愈表示感谢，还亲自参拜了伊势神宫。从此，伊势神宫作为天皇家宗庙的性质日益被强化。

---

①配祀，在同一祭坛上，除主神之外，还要祭祀其余的神。

迁都到长冈京，仅住了短短不到十年时间。七九三年开始了准备工作，第二年（延历十三年）十月，正式迁都平安京。

结 语

结　语

日本列岛与"大和"　　飞鸟·奈良时代的历史，是为了应对因中国隋唐帝国的出现而发生的国际动乱，日本要努力建成一个集权国家的进程。中央集权的发展动向，也出现在中国东北方向的朝鲜各国、西南地区的吐蕃。日本列岛基本上也在这一潮流之中。成为列岛主体的，是现在位于日本国中央部分的"大和"（日本）。

在"大和"的领域中，多元文化同时并存。另外，大和国的疆域在不断扩大。在日本列岛的东北与西南，逐渐展现出与"大和"不同的历史面貌来。

七八世纪前后，从本州岛的东北端起，直到北海道出现了擦文文化（分布于从本州北端到北海道的地区）与鄂霍茨克文化（分布于鄂霍茨克海沿岸）。

擦文文化时代，先民们在河中捕捞鲑鱼与鳟鱼，内陆地区则以狩猎为主，当时已经出现了原始农耕，先民们学会修建带有炉灶、墙角呈现出弧度的方形竖穴棚屋。而鄂霍茨克文化时代的先民们创造的文化，与亚洲大陆沿岸的文化，特别是阿穆尔河流域的文化有着密切的关联。他们的生产方式以捕捉海兽、捕捞鱼类为主。他们的住处是六角形或是五角形的房屋中用石头围成炉灶的竖穴式窝棚。

十二世纪前后，擦文文化吸收了鄂霍茨克文化，终于发展成为阿伊努文化。但阿伊努文化在库页岛（日本旧称桦太），以及千岛群岛上也有分布，与现在日本国的领域并非完全重合，这一点特别引人注目。

从本州岛一直向西南海上延伸，自奄美大岛，经过冲绳，直到宫古岛、石垣岛的诸多岛屿，缓慢地呈现出一种称为贝冢时代的独特文化。虽然可以看到弥生文化逐渐流入、与之交汇的现象，那里的先民们却以"礁湖"（由水面下的岩石围起来的湖）为主要渔场的鱼类捕捞为主要生产方式。遣唐使们遇上海难漂流到的岛屿，当时就是这种情况。从学会栽培谷物的农耕与制造锋利的铁器算起，南方诸岛上先民们独特的政治社会才算是真正开始了。那里出现了"按司"等酋长阶层，十二世纪左右还出现了"城"。

就这样，在"大和"的北方与南方，生活着具有不同文化的人们。需要注意的是，即便是到了江户时代，琉球群岛上的人们仍将本州、四国、九州等地称为"ヤマトゥ"，将那里的人称为"ヤマトゥンチュ"，而称呼自己为"ウチナウンチュ"，以表明自己属于另外一个世界。因此，阿伊努的先民们,是琉球所说的"ヤマトゥンチュ",这个词语是"サシム",即"邻人"之意,或者称他们为"シャモ"①。

日本周边的国际交通　　日本保持着大和王权的结构,同时形成了律令制国家,但古坟时代的首领制社会尚未完全解体。也可以说,它一面利用首领制,一面在短时间内从中国大陆接受了律令法、佛教、儒教等古代文明。日本所接受的中国古代文明,最终形成了律令制国家,虽然动摇了天皇制的血缘原理,却未能让其充分解体。律令制国家的背景,依然对日本的国际交通方式产生了巨大影响。

当我们将视线移到南太平洋上的波利尼西亚群岛之上时,围绕日本周边的国际交通线,就会清晰地浮现出来。在新石器时代,先民们分散地居住在亚洲大陆到太平洋的各个岛屿上,不久都形成了首领国(王国)。如果将这些王国与日本作比较的话,可以推测,其文明程度大约相当于日本的弥生时代到古坟时代。可是与亚洲大陆之间交通并不发达的波利尼西亚群岛上的人们,却没有建成自己独立的古代国家,到了

---

① "sasimu サシム"的讹音词,也是"邻人"之意,阿伊努人用来称呼非阿伊努人。

大航海时代,他们迎来了航海探险家詹姆斯·库克(1728—1779年)船长。

拿日本与波利尼西亚群岛相比较的话,日本列岛上的人们,自古以来,包括战争在内,都是依靠着国际交通线,与亚洲大陆保持连接。日本列岛与亚洲大陆之间的交通线,穿过朝鲜半岛与波利尼西亚群岛之间的海洋,而且离朝鲜半岛更近。

可是,日本与朝鲜半岛上的新罗,在同中国的交流方式上有着明显差异。例如,派遣遣唐使的次数就完全不一样。日本大约每隔二十年派出一次,而新罗有时每年都会派出三四次。在唐朝的高等学府毕业之后,参加科举考试合格者,当上高级官员的新罗人屡见不鲜,而日本却只有阿倍仲麻吕一人。

很多新罗人搬到中国沿海一带居住,活跃于商贸交易领域。与此相应,居住在新罗国内的外国人数量,比日本国内的外国人要多得多。另外,唐朝与新罗之间的军事对立也远比日本紧张得多。

还有,渤海等许多唐朝的朝贡国,都与新罗类似。同样,在派出遣唐使的亚洲各国之中,日本的情况十分特殊,这一点也特别引人注目。

人员交流的数量很少的话,便可以将文化从社会生活中分割出来,以这样的方式吸收文化。这样可以避免与中国文明发生正面对抗,只选择对自己有利的内容来摄取。此外,日本是远离唐朝的海上岛国,这正是日本拒绝接受册封而唐朝却能容忍的主要原因。最终,日本以一个独立国家的形式而建立了律令制。

"日本"是王朝的名称 还有一点需要注意,"日本"这一名称,与中国的"隋""唐"、朝鲜的"高句丽""百济""新罗"一样,本来就是作为一个广义的王朝名称(某一帝王血统的统治体制的名称)而成立的。用再明白一些的语句来说,可参照朝鲜的《三国史记》(新罗、高句丽、百济的史书)的记载:

> 新罗之贵族,名金严,七七九年(日本的奈良时代)出使日本。"日本"国王深知金严的贤明,欲挽留他。但他与曾屡次来过日本的大唐使者高鹤林会面时,二人相谈甚欢。这让"倭人"认识到,金严乃在大唐国也颇有名气之人物,便不敢挽留,送他回国了。

这段文字中,将"日本国"的朝中之人记为"倭人",王朝名称为"日本",种族名也是"倭人",这几个概念区分得清清楚楚,十分醒目。

本来,"日本"是王朝的名称,但是,以天皇为核心的国家制度将这一名称变得徒有躯壳。这种现象持续下去,"日本"便逐渐成了这个国家对外的自称。后来,"日本"又被"大日本帝国"继承下来。古代一个王朝的称呼,逐渐演变为一个现代国家的名称。这个事实成了以国家制度为中心的诸多问题的基础。

古代律令制国家"日本"的区域,依照原样变成了占据着现代国民国家"日本"的地理中心部分。从人类历史上来看,不得不说这是一个特殊现象。

比方说,在基层文化上有着许多共同点的傣族,从中国南部出发开始移动,经过了漫长的岁月,便形成了现在的泰国。这样的民族历史,在人类历史上绝非特殊现象,反而印证了日本历史的特殊性。

前近代[①]的国际交通线决定了日本律令制国家的发展方向,比如大海具有的隔离机能,到了现代便几乎丧失殆尽了。律令制国家产生出来的国家制度的特质,比方说天皇制,还

---

①前近代,近代以前。丸山真男在1961年出版的著作《日本的思想》中使用的词汇。

结　语

会作为一个很大的议题继续存在下去。

读完本卷，大家作何感想呢？最后，我还想留下几个问题，供大家继续思考，以此作为本书的尾声。

学习历史的乐趣之一，就像是访问异国时的那种心醉神驰。在这里，我们会遇到与我们有着不同的思维方式、感受方式的人们。比方说，古代的姐妹会一起成为某个男子的妻子，举行姐妹型的一夫多妻制婚姻。这对于生活在现代社会的我们来说是不可思议的。

当然，人类有着许多共同点。根据时代、地域、民族的不同，思维方式与感受方式多种多样。不要将自己的思维与感受方式作为绝对的概念而固定下来，要让自己相对化，这种思想是生活在激荡不安的现代，与地球上各色各样的人们共存，同时开创未来的我们绝对必需的。对吗？

本卷中谈到的飞鸟与奈良时代，律令制国家，即拥有中央集权机构的国家成立了。这个国家以天皇为核心，将"日本"作为王朝的名称。后来虽然不断发生着变化，"天皇"也好，"日本"也好，都一直延续至今。在世界史上，日本史也是极富个性的历史。但就像本书前面已经说过的那样，孕育出这样富于个性的历史的一个重要原因，就是国际交通线的存在。如今，这种存在方式正在发生剧烈变化。

我们该如何让二十一世纪的日本与世界的未来变为现实呢？这就是年青一代的读者们将要发挥的作用。到了那个时候，我们去思考人类历史上的"日本"与"天皇"的特质，及其产生出二者的重要历史因素，是非常重要的。对吗？

最后，谈谈"历史是被改写的"这个问题。比如，"天皇"这个称号是从何时开始使用的，《古事记》《日本书纪》中都曾有记载，但我们不可全盘相信。津田左右吉对其进行批判，提出了划时代的新学说："天皇"这一称号是在推古天皇时代出现的。第二次世界大战后，津田的学说基本上得到公认。法隆寺金堂中的药师佛像的光背铭文是津田学说的最大史料支撑。但事实已经证明，这个铭文是推古朝之后的文物。"天皇"这一称号是从"天武天皇与持统天皇"朝代开始的，这个强有力的学说大约三十年前公布于世。笔者根据这一学说写出了概要的说明。可是，几年前笔者在执笔写《日本的诞生》（岩波书店）一书时，对"天皇"这一称号"始于天武天皇与持统天皇时代"的学说产生了怀疑。笔者说到了一种可能性，"天皇"这一称号比"日本"这一称号出现得更早。

有人对此提出批评，因为"天寿国绣帐"上的刺绣铭文中使用了"天皇"一词。我重新阅读了相关史料与论文，认为"天寿国绣帐"的刺绣铭文不能作为确切的证据。"天皇"

结　语

这一称号的开始使用，也很有可能是从推古天皇的朝代前后开始的。《日本的诞生》第三次印刷时，我加写了一句话："天皇"这一称号的开始使用，有可能在"七世纪的前半叶"。后来，在这本《飞鸟·奈良时代》的执笔过程中，笔者考虑到，在推古朝与隋的外交活动中开始使用"天皇"一词，这种说法更合乎情理（请参看本书第一章的第二节）。

各位读者认为，讲述历史时应该以何为依据呢？至此，笔者已经竭尽全力了。可是，从来就没有一本绝对正确的历史书。放眼世界，扩大见闻，读万卷书，与具有不同思维方式的人对话，从而在自己的心中形成历史的具体形象，我认为，除此之外别无他法。你们觉得呢？

参考文献

在本书的执笔过程中,拜读了许许多多的著作与论文,特别是参照了以下的文献。

井上光贞《日本古代国家之研究》,岩波书店,1965 年

西岛定生《中国古代国家与东亚世界》,东京大学出版会,1983 年

堀敏一《中国与古代东亚世界》,岩波书店,1993 年

下出积与《"天皇"称号与神仙思想》(论文),《日本古代的道教、阴阳道与神祇》,吉川弘文馆,1997 年

石田尚丰《圣德太子与玉虫厨子》,东京美术,1998 年

青木和夫《日本律令国家论考》,岩波书店,1992 年

吉村武彦《古代的王位继承与群臣》(论文),《日本古代的社会与国家》,岩波书店,1996 年

义江彰夫《〈旧约圣经的民间传承〉与历史学》(论文)，东京大学出版会《UP》第77号，1979年

直木孝次郎《古代日本与朝鲜·中国》，讲谈社，1988年

小泽毅 《古代都市藤原京的成立》(论文)，《考古学研究》第44卷3号，1997年

松村惠司《富本七曜钱的再研究》(论文)，出自出土钱币研究会杂志《出土钱币》第11号，1999年

野口铁郎编《选集 道教与日本》第1、2卷，雄山阁出版，1996—1997年

东野治之《遣唐使与正仓院》，岩波书店，1992年

汤浅泰雄 《日本古代的精神世界》，名著刊行会，1990年

石亩田正《国家与行基于人民》(论文)，《日本古代国家论I》，岩波书店，1973年

菊池英夫《山上忆良与敦煌遗书》(论文)，《国文学》第28卷7号，学灯社，1983年

阪下圭八《山上忆良的"儿女们"等问题》(论文)，《文学》第35卷4号，岩波书店，1967年

寺崎保广《长屋王》，吉川弘文馆，1999年

安腾更生《鉴真》，吉川弘文馆，1967年

岸俊男《藤原仲麻吕》，吉川弘文馆，1969年

早川庄八《律令国家·王朝国家的天皇》(论文)，《日本的社会史3》，岩波书店，1987年

年　表

592年（崇峻五年）	苏我马子暗杀崇峻天皇、推古女皇即位
593年（推古元年）	厩户皇子（圣德太子）成为摄政
600年（推古八年）	派出最早的遣隋使（《隋书》）
603年（推古十一年）	制定冠位十二阶
604年（推古十二年）	制定宪法十七条
607年（推古十五年）	小野妹子使隋
608年（推古十六年）	小野妹子送隋外交官与留学生，再次前往隋朝
618年（推古二十六年）	隋朝灭亡，唐朝建立
630年（舒明二年）	派遣一次遣唐使
643年（皇极二年）	苏我入鹿将山背大兄灭门

645年（大化元年）	中大兄皇子灭掉苏我大臣家族、大化改新
646年（大化二年）	颁布改新诏书
660年（齐明六年）	百济灭亡
663年（天智二年）	白村江之战
667年（天智六年）	迁都近江大津宫
668年（天智七年）	高句丽灭亡
670年（天智九年）	编撰庚午年籍
672年（天武元年）	壬申之乱、迁都飞鸟净御原宫
681年（天武十年）	开始制定律令
683年（天武十二年）	大约从这一年开始铸造铜钱
689年（持统三年）	施行飞鸟净御原令
694年（持统八年）	迁都藤原京
701年（大宝元年）	任命粟田真人等人为遣唐使、大宝律令制定完成
708年（和铜元年）	铸造和同开珎铜币
710年（和铜三年）	迁都平城京（奈良）
718年（养老二年）	从此时起，藤原不比等等人开始制定养老律令
724年（神龟元年）	圣武天皇即位

729年（天平元年）	长屋王事变、藤原光明子成为皇后
740年（天平十二年）	藤原广嗣之乱、迁都恭仁京
741年（天平十三年）	发布建立国分寺、国分尼寺的诏书
743年（天平十五年）	发布垦田永年私财法、建造大佛诏书
749年（天平胜宝元年）	孝谦女帝即位
752年（天平胜宝四年）	东大寺大佛开光
754年（天平胜宝六年）	鉴真来到日本，进入东大寺
757年（天平宝字元年）	橘奈良麻吕之乱，藤原仲麻吕确立自己的权力
764年（天平宝字八年）	藤原仲麻吕（惠美押胜）发动叛乱，孝谦上皇出家后，又再次登基，是为称德天皇
766年（天平神护二年）	道镜成为法王
769年（神护景云三年）	宇佐八幡神托梦
770年（宝龟元年）	称德女帝殁，光仁天皇即位
781年（天应元年）	桓武天皇即位
784年（延历三年）	桓武天皇迁都长冈京
794年（延历十三年）	桓武天皇迁都平安京

图书在版编目（CIP）数据

飞鸟·奈良时代/（日）吉田孝著；刘德润译. -- 北京：新星出版社，2020.5
（岩波日本史；第二卷）
ISBN 978-7-5133-3823-3

Ⅰ.①飞… Ⅱ.①吉… ②刘… Ⅲ.①日本-古代史 Ⅳ.① K313.2

中国版本图书馆 CIP 数据核字（2019）第 271560 号

岩波日本史（第二卷）
飞鸟·奈良时代

[日] 吉田孝 著；刘德润 译

策划编辑：姜 淮　　　**责任编辑**：姜 淮
责任校对：刘 义　　　**营销编辑**：史玮婷
版权经理：陈 雯　　　**版权支持**：一元和卷
责任印制：李珊珊　　　**装帧设计**：冷暖儿
内文排版：刘洁琼

出版发行：新星出版社	
出 版 人：马汝军	
社　　址：北京市西城区车公庄大街丙3号楼　　100044	
网　　址：www.newstarpress.com	
电　　话：010-88310888	
传　　真：010-65270449	
法律顾问：北京市岳成律师事务所	

读者服务：010-88310811　　service@newstarpress.com
邮购地址：北京市西城区车公庄大街丙 3 号楼　　100044

印　刷：北京美图印务有限公司
开　本：787mm×1092mm　　1/32
印　张：6.75
字　数：110千字
版　次：2020年5月第一版　　2020年5月第一次印刷
书　号：ISBN 978-7-5133-3823-3
定　价：58.00元

版权专有，侵权必究；如有质量问题，请与印刷厂联系调换。

NIHON NO REKISHI, 2: ASUKA, NARA JIDAI by Takashi Yoshida

©1999, 2016 by Asako Yoshida

Originally published in 1999-2000 by Iwanami Shoten, Publishers, Tokyo.

This simplified Chinese edition: published 2020 by New Star Press

Co, Ltd., Beijing

by arrangement with Iwanami Shoten, Publishers, Tokyo

著作版权合同登记号：01-2019-4867